TEORIA E PRÁTICA NA PESQUISA COM CRIANÇAS

Diálogos com William Corsaro

EDITORA AFILIADA

Conselho Editorial de Educação:
José Cerchi Fusari
Marcos Antonio Lorieri
Marli André
Pedro Goergen
Terezinha Azerêdo Rios
Valdemar Sguissardi
Vitor Henrique Paro

Dados Internacionais de Catalogação na Publicação (CIP)
(Câmara Brasileira do Livro , SP, Brasil)

Teoria e prática na pesquisa com crianças : diálogos com William Corsaro / Fernanda Müller, Ana Maria Almeida Carvalho (orgs.). -- São Paulo : Cortez, 2009.

Vários autores.
ISBN 978-85-249-1514-7

1. Brincadeiras na educação 2. Corsaro, William 3. Crianças - Aspectos sociais 4. Educação - Finalidades e objetivos 5. Educação infantil 6. Infância 7. Psicologia do desenvolvimento 8. Sociologia educacional I. Müller, Fernanda. II. Carvalho, Ana Maria Almeida.

09-05506   CDD-306.432

Índices para catálogo sistemático:
1. Infância : Sociologia educacional   306.432

Fernanda Müller
Ana Maria Almeida Carvalho
(Orgs.)

TEORIA E PRÁTICA NA PESQUISA COM CRIANÇAS

Diálogos com William Corsaro

1ª edição
2ª reimpressão

TEORIA E PRÁTICA NA PESQUISA COM CRIANÇAS: diálogos com William Corsaro
Fernanda Müller • Ana Maria Almeida Carvalho (Orgs.)

Capa: aeroestúdio sobre ilustração de Davi Carvalho
Preparação de originais: Ana Maria Barbosa
Ilustrações do miolo: Davi Carvalho
Revisão: Maria de Lourdes de Almeida
Composição: Linea Editora Ltda.
Coordenação editorial: Danilo A. Q. Morales

Nenhuma parte desta obra pode ser reproduzida ou duplicada sem autorização expressa dos autores, das organizadoras e do editor.

© 2009 by Organizadoras

Direitos para esta edição
CORTEZ EDITORA
Rua Monte Alegre, 1074 — Perdizes
05014-001 — São Paulo - SP
Tel. (11) 3864 0111   Fax: (11) 3864 4290
e-mail: cortez@cortezeditora.com.br
www.cortezeditora.com.br

Impresso no Brasil — fevereiro de 2021

Sumário

Sobre os Autores 11

Prefácio
Niina Rutanen 15

Encontros e diálogos: notas introdutórias
Fernanda Müller e *Ana Maria Almeida Carvalho* 21

PARTE I   Refletindo sobre conceitos 29

CAPÍTULO 1 ♦ Reprodução interpretativa e cultura de pares
William A. Corsaro 31

CAPÍTULO 2 ♦ Aprofundando reprodução interpretativa e cultura de pares em diálogo com Corsaro
Maria Isabel Pedrosa
Maria de Fátima Santos 51

CAPÍTULO 3 ♦ Um diálogo com a sociologia da infância a partir da Psicologia do Desenvolvimento
Maria Clotilde Rossetti-Ferreira
Zilma de Moraes Ramos de Oliveira 59

CAPÍTULO 4 ♦ Diálogo interdisciplinar: tensões e convergências
Tânia Mara Sperb 71

PARTE II Refletindo sobre método.. 81

CAPÍTULO 5 ◆ Métodos etnográficos no estudo da cultura de pares e das transições iniciais na vida das crianças
William A. Corsaro... 83

CAPÍTULO 6 ◆ Reflexões sobre a observação etnográfica: a cultura de pares em ação
Vera Silvia Raad Bussab
Ana Karina Santos 104

CAPÍTULO 7 ◆ Crianças e suas culturas singulares
Marita Martins Redin... 115

CAPÍTULO 8 ◆ Um adulto atípico na cultura das crianças
César Ades.. 127

PARTE III Refletindo sobre a educação na infância................. 137

CAPÍTULO 9 ◆ Educação infantil na Itália e nos Estados Unidos: diferentes abordagens e oportunidades para as crianças
William A. Corsaro... 139

CAPÍTULO 10 ◆ Por que tanta diferença? A educação infantil na Itália e nos Estados Unidos
Eulina da Rocha Lordelo.. 163

CAPÍTULO 11 ◆ Um estadunidense na Itália
Ana Lúcia Goulart de Faria....................................... 171

CAPÍTULO 12 ◆ Como a sociologia da infância de William A. Corsaro pode contribuir com as pedagogias das escolas de educação infantil?
Maria Carmen Silveira Barbosa 177

TEORIA E PRÁTICA NA PESQUISA COM CRIANÇAS

CAPÍTULO 13 ◆ Sociologia da infância, Psicologia do
Desenvolvimento e educação infantil:
diálogos necessários
Ana Maria Almeida Carvalho
Fernanda Müller
Sonia Maria Rocha Sampaio 189

ANEXOS

Anexo 1 207

Anexo 2 208

Agradecimentos

A Niina Rutanen e Monika Riihelä (STAKES — *National Research and Development Centre for Welfare and Health*, Finlândia), que propiciaram o contato pessoal de Ana Carvalho com Bill Corsaro, em 2004.

A Bill Corsaro, que gentilmente acolheu Fernanda Müller em Bloomington no outono de 2005, e que oportunizou o contato com Ana. Em decorrência destes encontros e diálogos, sua visita ao Brasil se concretizou em maio de 2007.

A Ana Lúcia Goulart de Faria, pela revisão de tradução do capítulo 9.

A todos os(as) colegas e alunos(as) que colaboraram na recepção a Corsaro no Brasil. Destacamos o trabalho de Carmem Craidy, Maria Carmen Barbosa, Maria Clotilde Rossetti-Ferreira e Tânia Sperb, que foram interlocutoras incansáveis durante o curso ministrado por Bill em Porto Alegre. A Ângela Borba, que viabilizou a palestra de Bill aos pesquisadores de diferentes instituições do Rio de Janeiro. Em São Paulo, agradecemos a Marcos Cezar de Freitas, Vera Bussab e Ivany Pino. Em Salvador, a Ana Cecília Bastos, Eulina Lordelo e Ilka Bichara; em Recife, a Maria Isabel Pedrosa e Fátima Santos.

Ao CNPq, que financiou parte das passagens aéreas mediante o *grant* de bolsa de produtividade de Ana Carvalho. À Capes, que financiou a pesquisa de Fernanda Müller.

Sobre os Autores

ANA KARINA SANTOS doutoranda do Programa de Pós-Graduação em Psicologia Experimental da Universidade de São Paulo.

ANA LÚCIA GOULART DE FARIA é professora da Faculdade de Educação da Unicamp e coordenadora do Grupo de Estudos e Pesquisa em Educação Infantil filiado ao Gepedisc.

ANA MARIA ALMEIDA CARVALHO é professora associada aposentada do Instituto de Psicologia da Universidade de São Paulo e pesquisadora do Programa de Pós-Graduação em Família na Sociedade Contemporânea da Universidade Católica do Salvador.

CÉSAR ADES é professor titular do Instituto de Psicologia da Universidade de São Paulo. Apoio CNPQ.

EULINA DA ROCHA LORDELO é professora-associada da Universidade Federal da Bahia. Apoio CNPQ.

FERNANDA MÜLLER é professora adjunta da Universidade Federal de São Paulo/Campus Guarulhos.

MARIA CARMEN SILVEIRA BARBOSA é professora adjunta da Faculdade de Educação e do Programa de Pós-Graduação em Educação da Universidade Federal do Rio Grande do Sul. Membro do Grupo de Estudos em Educação Infantil (GEIN).

MARIA CLOTILDE ROSSETTI-FERREIRA é professora-titular aposentada da Faculdade de Filosofia, Ciências e Letras da Universidade de São Paulo, Campus de Ribeirão Preto. Coordenadora do Centro de Investigações sobre Desenvolvimento Humano e Educação Infantil (Cindedi). Apoio da Fapesp e CNPq.

MARIA DE FÁTIMA SANTOS é professora do Programa de Pós-graduação em Psicologia da Universidade Federal de Pernambuco. Faz parte do Laboratório de Interação Social Humana (LabInt). Apoio CNPq.

MARIA ISABEL PEDROSA é professora do Programa de Pós-graduação em Psicologia da Universidade Federal de Pernambuco. Faz parte do Laboratório de Interação Social Humana (LabInt). Apoio CNPq.

MARITA MARTINS REDIN é professora do curso de Pedagogia e Coordenadora do Curso de Especialização em Educação Infantil da Universidade do Valo do Rio dos Sinos.

NIINA RUTANEN é pesquisadora especial junto ao Departamento de Ciências Educacionais da Universidade de Jyväskylä, Finlândia e coordenadora do Finnish Network for Childhood Studies, da mesma Universidade.

SONIA MARIA ROCHA SAMPAIO é professora-associada do Departamento de Psicologia da Universidade Federal da Bahia. Integrante do Programa de Pós-Graduação em Psicologia da mesma Universidade.

TÂNIA MARA SPERB é professora-colaboradora do Programa de Pós-Graduação em Psicologia da Universidade Federal do Rio Grande do Sul. Coordenadora do Centro de Estudos da Linguagem e da Interação Social (CELIS). Apoio do Cnpq.

VERA SILVIA RAAD BUSSAB é professora titular do Instituto de Psicologia da Universidade de São Paulo. Apoio Cnpq.

WILLIAM A. CORSARO é professor titular da Faculdade de Sociologia da Universidade de Indiana, Bloomington, Estados Unidos.

ZILMA DE MORAES RAMOS DE OLIVEIRA é professora-associada aposentada junto ao Departamento de Psicologia e Educação da Faculdade de Filosofia, Ciências e Letras da Universidade de São Paulo, Campus de Ribeirão Preto e professora do Programa de Pós-Graduação da Faculdade de Educação da Universidade de São Paulo.

Prefácio

Niina Rutanen

O leitor deste livro é convidado para uma viagem de descobertas, alimentada por culturas e linguagens: italiano, português, inglês, as linguagens dos gestos e das expressões. Além das culturas e linguagens (amplamente compreendidas), este livro é uma demonstração de criatividade cooperativa: criatividade das crianças na reprodução interpretativa da cultura, criatividade do pesquisador no trabalho de campo, e criatividade na construção teórica e metodológica de conhecimento a respeito da criança e da infância. Inspirada por essa criatividade, comparo a construção deste livro a uma produção artística — a uma pintura.

Para começar, uma tela...

A tela para este projeto cooperativo foi dada, evidentemente, pelo encontro entre o professor William Corsaro e pesquisadores brasileiros que trabalham com interações e brincadeiras de crianças. No entanto, a tela contém elementos mais complexos. Os fios que a tecem são permeados por diferentes concepções culturais sobre a criança e a infância, por disputas de poder nas políticas de pesquisa — quais estudos são, ou não, financiados —, os ambientes culturalmente estruturados para a vida cotidiana das crianças e para oportunidades de brincar, e os compromissos morais e éticos em estudos sobre crianças e infância. A tela inclui as tensões conflitantes entre a proteção às crianças em políticas governamentais de bem-estar social e a crítica à normatização e "domesticação" das crianças em nome da prevenção da marginalidade e do controle institucional de suas vidas.

... as tachinhas que pregam a tela a uma moldura de madeira...

Este livro coloca em discussão as *culturas de pares* das crianças. Mouritsen (1998), filólogo do *Nordic Child Cultural Research Network* (Rede Nórdica de Pesquisa Cultural sobre a Criança) discute em uma direção semelhante a *cultura da brincadeira* das crianças: formas artísticas e outras formas simbólicas estéticas de expressão; as expressões da cultura que as crianças produzem em suas próprias redes. Tal como Mouritsen, este livro enfrentou o desafio de verbalizar uma cultura difícil de apreender em palavras estáticas; uma cultura que consiste de movimentos, ritmo, códigos, entonações e assim por diante.

A tela está fixada em sua moldura de madeira pelas frustrações provocadas por diagnósticos e avaliações míopes das competências das crianças em relação aos ideais, normas e metas dos esforços educacionais alinhados com o pensamento utilitário de educar crianças apenas para se tornarem futuros cidadãos e força de trabalho reconhecidos como tais. Além disso, a tela está fixada pelas diversas concepções de brincadeira, tanto o uso e a valorização instrumentais da brincadeira na educação infantil quanto a idealização da brincadeira, e por aí afora. Mais ainda, a observação cotidiana da ludicidade entre e em cada um de nós também mantém a tela em seu lugar na moldura, ainda que as ondas de novos paradigmas provoquem e questionem as diversas abordagens da pesquisa sobre crianças e sobre seu lugar na sociedade.

... preparando a tela e esboçando o desenho...

A superfície não é homogênea: não há uma imagem estática ou um modelo de infância. Ao debaterem, questionarem e contribuírem para o tema, vários participantes acrescentaram suas impressões digitais à paleta. A figura principal, no entanto, é desenhada por William Corsaro em suas palestras. Nas linhas esboçadas, como que a carvão, dessa figura, pode-se observar sua dedicação de várias décadas à pesquisa e sua sensibilidade na discussão do tema. De maneira muito clara e coloquial, e no entanto elaborada e bem argumentada, ele provê *insights* sobre os diferentes mundos das crianças em instituições de atendimento à infância nos Estados Unidos e na Itália.

Mais do que isso, não são apenas *insights* sobre o dia a dia da brincadeira e da cultura de pares das crianças e sobre o uso do método etnográfico em seu estudo que ele nos oferece, mas também uma demonstração sobre diferenças culturais entre tradições e valores das políticas e práticas a respeito da infância. Ele discute como as ações e as brincadeiras das crianças estão profundamente imersas na vida das sociedades em geral. Esses *insights* levam o leitor a refletir sobre questões mais amplas, como a posição das mulheres, mudanças na estrutura da família e mudanças políticas, econômicas, históricas e geográficas em um mundo em processo global de mudança.

... introduzindo novas nuances e sombras na superfície e nas cores...

A figura foi momentaneamente esboçada, mas ainda não é a contribuição final. Gostaria, neste momento, de congratular as tradutoras e organizadoras deste importante trabalho por tornarem os textos disponíveis para os leitores de língua portuguesa. Elas não se limitaram ao mínimo, isto é, à tradução, mas acrescentaram comentários extremamente valiosos para construir um quadro mais elaborado.

Aplicando a metáfora da pintura: antes da tradução e dos comentários o desenho já tinha forma e nuances. Com a tradução, algumas nuances e sombras tornaram-se mais fortes, algumas tintas mais brilhantes e vívidas. Os comentários acrescentaram ainda outras camadas ao resultado final: acrescentaram textura. Algumas áreas, como os elos com a etologia, foram enfatizados, e outros ficaram na sombra para dar apoio à imagem completa. Os comentários acrescentaram tanto substância quanto informação, e abriram caminho para futuras discussões ao oferecerem ao leitor um rápido panorama sobre as discussões multidisciplinares no Brasil. Estas pinceladas foram igualmente importantes para o livro na medida em que situaram as discussões originais no contexto da literatura local e internacional.

... emoldurando e sentindo...

Na discussão final sobre todos os capítulos, as autoras emolduram o quadro enfatizando alguns detalhes, apontando aspectos controvertidos e aspectos consensuais. *No entanto*, será somente com a moldura dada *pelo leitor* com suas próprias lentes, observações e comentários que o quadro estará finalizado. Dependendo dos pontos de vista de cada um, novos horizontes podem emergir. Especialmente nas seções onde é discutida a etnografia participante, mergulhamos em reflexões e pensamentos sobre o contraste entre ser ou não participante em situações e estruturas sociais específicas.

Este é um ponto importante, uma vez que nossas próprias experiências, sentimentos e reflexões estão na base da sensibilidade requerida para o trabalho etnográfico. Podemos nos imaginar entrando em campo e enfrentando os desafios tão ilustrativamente detalhados pela descrição de William Corsaro. A reflexão sobre o trabalho de campo é valiosa para aqueles que se interessam pelos mundos das crianças em quaisquer contextos. Como foi colocado nos comentários, muitas questões emergem, particularmente a respeito da posição do pesquisador. Será que somos sempre, em alguma medida, estrangeiros nos mundos das crianças, tendo apenas a *possibilidade* de fazer descobertas ricas e sensíveis? Será que estamos percebendo os mundos das crianças através de lentes não participantes, através de nossas próprias preconcepções sobre o que eventos significam para a criança?

Além disso, o livro abre espaço para a discussão de conceitos fundamentais como brincadeira e interação em relação aos mundos das crianças. Ele nos seduz no sentido de evitar os extremos, tais como a negação do conceito controvertido de brincadeira. Ao contrário, nos oferece elementos para elaborar as discussões a partir de perspectivas interdisciplinares.

Como leitora, refleti também neste momento, sobre os textos que aplicam as lentes de *amizade*. Chambers (2006) descreve o mundo social atual: vínculos sociais estão mudando rapidamente, e a ordem social está se transformando, de comunidades estreitamente ligadas para laços sociais fragmentados. Um discurso sobre a amizade é proposto aqui para descrever e lidar com esse novo mundo. Seriam vínculos de amizade um conceito aplicável também às relações entre crianças pequenas, à discussão de relações próximas e voluntárias entre elas? Como discutem alguns capítulos (cf. Müller e Carvalho; Ades; Carvalho, Müller e Sampaio), poderia um novo conceito de amizade oferecer alguns novos *insights* sobre as relações entre adultos e crianças?

... em vez de ficar só admirando o quadro, pegue o pincel!

Uma das qualidades importantes deste livro é o fato de que não só a vida cotidiana das crianças é interpretada em uma investigação elaborada e sensível, como também são ouvidos e levados a sério outros participantes desse esforço conjunto: pesquisadores, professores, pais e alunos. Pontos de vista diversos são trazidos para a discussão dos interesses comuns. A discussão já começou na Itália, continuou nos Estados Unidos, e agora nesta série de palestras no Brasil.

Sinto-me muito grata pelo convite para escrever este prefácio, e muito feliz em recomendar este livro para todos aqueles que se interessam pelas culturas de pares e amizades das crianças e pelas discussões sobre contextos institucionais na vida diária das crianças. Ele certamente atende ao principal objetivo de um trabalho criativo de boa qualidade: provoca o impulso de agarrarmos o pincel e começarmos a pintar mais projetos multi e interdisciplinares. Que as investigações e as discussões continuem!

10 de dezembro de 2007
Jyväskylä, Finlândia

Referências bibliográficas

CHAMBERS, D. *New social ties:* contemporary connections in a fragmented society. Nova York: Macmillan, 2006.

MOURITSEN, F. *Child culture*: play culture. The Department of Contemporary Cultural Studies, Odense University, Working papers 2. Disponível em: <www. hum.sdu.dk/center/kultur/arb_pap/>, 1998.

Encontros e diálogos:
notas introdutórias

Fernanda Müller
Ana Maria Almeida Carvalho

Como anunciamos no título, dialogamos neste livro com William Corsaro, pesquisador americano com formação em sociologia, que se dedica à área hoje conhecida como sociologia da infância — cuja definição, a nosso ver, se deve em grande parte a seu trabalho (Corsaro, 1997, 2003; Corsaro e Molinari, 2005). Os textos desse autor selecionados para este volume representam a contribuição de Corsaro em sua visita no ano de 2007 a vários centros de pesquisa no Brasil e ilustram diversos aspectos de seu trabalho: um texto teórico, onde apresenta o conceito de reprodução interpretativa para analisar os processos de construção de cultura e dinâmica social no grupo de brinquedo; explicitação e ilustração do método etnográfico tal como ele o adaptou para o estudo das crianças pequenas; um estudo comparativo entre as pré-escolas na Itália e nos Estados Unidos.

A emergência da sociologia da infância no hemisfério norte relaciona-se à crítica de que a sociologia esteve mais preocupada com a adolescência e a juventude, tendo sido as crianças incorporadas aos estudos da sociologia da família e da sociologia da educação. Segundo Montandon (1997), a sociologia da família não centrou seus estudos diretamente na criança, uma vez que a entendeu como um objeto das práticas educativas dos pais. Já a sociologia da educação estudou a escolarização das crianças, tendo como foco as influências da estrutura familiar sobre a criança. A criança não era considerada foco de pesquisa, mas sim a sua trajetória escolar e os processos de socialização.

Sirota (2001) e Montandon (2001) apresentaram inventários sobre as produções do campo da sociologia da infância. Ambas as autoras procuraram dar visibilidade a algumas categorias-chave que essas produções contemplaram, tais como: estudos de gerações, relações entre crianças, crianças vistas como um grupo de idade e dispositivos institucionais. Embora as autoras apresentem muitas dúvidas sobre os direcionamentos do campo, inclusive sobre se é uma disciplina ou subdisciplina, fica claro que a sociologia da infância conquistou, principalmente a partir dos anos 1990, na Europa e nos Estados Unidos, seu espaço acadêmico.

De fato a sociologia tradicional não ignorou as crianças, mas as silenciou, e a sociologia da infância tem como mérito ter rompido com o modo limitado com que a infância era estudada. Muito do pensamento da sociologia sobre as crianças deriva do trabalho teórico tradicional sobre a socialização, que as concebia a partir das instituições e não a partir delas próprias.

Alguns trabalhos da sociologia da infância (Prout e James, 1997; Corsaro, 1997) criticam a Psicologia do Desenvolvimento por ter reduzido o papel social da criança ao de um ser imaturo, um vir-a-ser. No entanto, é necessário reconhecer que a psicologia não pode ser tratada como uma unidade. Por exemplo, do ponto de vista da etologia, que tem influenciado significativamente a Psicologia do Desenvolvimento desde os anos 1970, a criança é um ser adaptado e competente a cada momento de sua vida, inclusive no útero.

Os paradigmas da infância apresentados por Prout e James (1997) nos anos 1990 refletem certas dicotomias, criadas a partir da negação das ciências naturais e de *uma* psicologia única. Todavia, há de se considerar que todos os seres humanos, sejam eles bebês, crianças, adultos ou velhos, são biológica e socialmente incompletos; assim, não faz mais sentido pensar nos campos sociais e biológicos separadamente, ou em oposição. As desigualdades criadas na modernidade entre a infância e a idade adulta, endereçando a última a um patamar superior, cada vez ficam mais enfraquecidas quando se assume que todos são seres humanos em formação. Com isso, as próprias teorias da socialização precisam ser repensadas, pois já se acreditou que a criança passava a ser completa quando já não era mais criança, ao alcançar a maturidade e completude supostamente particulares à idade adulta.

Assim como os velhos, as crianças são, via de regra, consideradas meros fardos sociais, e a sociologia tradicional fortaleceu esta ideia com o reconhecimento das teorias da socialização que concebiam a infância como um período de dependência e separada do mundo social mais amplo. Não seria uma ideia contraditória pensar que as crianças são dependentes antes de alcançar determinada idade, uma vez que algumas delas se deparam cotidianamente com o trabalho doméstico, na rua, em negócios da família ou mesmo escolares? O entendimento das crianças como totalmente dependentes dos adultos só atrapalha a compreensão das relações entre os membros da família e, logo, sobre os processos geracionais. Morrow (1996) afirma que a construção social da dependência da infância, baseada nas concepções de crianças como objetos em desenvolvimento e, logo, irresponsáveis, mascara a extensão do quanto as crianças são capazes, competentes e têm agência nas suas vidas.

Em pelo menos dois sentidos Corsaro se distancia significativamente da sociologia tradicional, especialmente da americana: pelo enfoque metodológico qualitativo e pela escolha de um objeto de estudo que a sociologia raramente privilegiou — a criança, particularmente os primeiros anos da infância. Rompendo com o pensamento linear, Corsaro não só sugere a existência de diversas formas de socialização, observadas nas relações sociais e na história dos grupos e dos pares, como a necessidade de avançarmos de uma visão de socialização como resultado da ação das instituições para entendê-la como um processo grupal, mais do que individual, de construção. O conceito de reprodução interpretativa é apresentado como alternativo ao pensamento tradicional, mostrando que as crianças produzem culturas e que este processo não é somente uma imitação do mundo adulto, mas uma apreensão criativa.

O olhar de Corsaro se diferencia também do de muitos estudos da Psicologia do Desenvolvimento, com os quais compartilha seu objeto. Em primeiro lugar, seu recorte não é o indivíduo e seu desenvolvimento prospectivo, e sim o grupo social de pares de idade na infância como fenômeno desse estágio da vida. O que lhe interessa são as relações entre as crianças (Corsaro, 1985), a construção coletiva daquilo que ele denomina cultura de pares (*peer culture*), um conceito que consideramos extremamente heurístico e que temos utilizado em nosso trabalho para integrar e dar um passo adiante em nossas próprias concepções a respeito da vida social da criança no grupo de brinquedo (cf. por exemplo, Carvalho, 2004; Carvalho e Rubiano, 2004; Carvalho e Pedrosa, 2002; Pedrosa e Carvalho, 2006).

Um outro aspecto que interessa apontar é que, ao desenvolver uma metodologia de estudo etnográfico que lhe desse acesso ao mundo da criança, Corsaro *pratica* a concepção da criança agente e co-construtora de seu desenvolvimento, uma concepção corrente no discurso contemporâneo da Psicologia do Desenvolvimento, mas que raras vezes se expressa na prática da pesquisa e muito menos na prática pedagógica: em ambos os casos prevalece uma visão do adulto como dominante e responsável pela situação interacional e por seus desenlaces, como guia ou mentor, e não como *parceiro* da criança em sua construção do mundo. Essa posição de parceria é exatamente o que Corsaro consegue a partir de seus procedimentos de inserção no grupo de crianças e da construção resultante de suas relações com elas.

Embora seu foco principal seja a compreensão dos processos sociais no grupo de brinquedo, Corsaro não se exime de refletir a respeito de suas implicações sobre a educação das crianças, a partir de suas experiências em contextos que concebem a infância e a educação de forma muito diferenciada (Itália e Estados Unidos). Ele é crítico do sistema educacional e das práticas pedagógicas da educação infantil norte-americana. Junto com colaboradores italianos, vem realizando uma etnografia longitudinal, onde analisa os processos de transição de um grupo de crianças ao longo de suas vidas na escola. Vários conceitos emergem a partir deste estudo, tais como os de rotina e de amizade, mostrando que a transição é um processo coletivo que ocorre em contextos sociais ou institucionais, sendo sempre produzido e compartilhado com outros (Corsaro e Molinari, 2005).

Nosso contato com o trabalho de Corsaro se deu por caminhos diferentes, que vale a pena explicitar na medida do possível. No caso de Ana Carvalho e seu grupo de pesquisa, a aproximação foi inicialmente temática — as noções de amizade e de cultura no grupo de brinquedo, que já vinham perseguindo em seu trabalho. A surpresa foi encontrar uma convergência tão significativa entre o olhar do sociólogo e o desse grupo, inspirado em um enfoque psicoetológico, aparentemente tão divergente e até incompatível com aquele. Essa convergência se dá tanto em termos de método de observação quanto de procedimentos de análise — na forma de recortar e analisar episódios (cf. por exemplo, Pedrosa, 1989; Pedrosa e Carvalho, 2005); no tipo de pergunta formulada, que ultrapassa o recorte no indivíduo e procura o fenômeno humano expresso na brincadeira e nas interações das crianças; no percurso na direção de uma compreensão da criança como agente e co-construtor cultural desde a infância (Carvalho e Pedrosa, 2002; Carvalho, 2004; Carvalho e Pedrosa, 2004; Lordelo e Carvalho, 2003; Pedrosa e Carvalho, 2006). Por outro lado, embora não seja o foco principal do trabalho de Corsaro, o fenômeno do brincar emerge tão claramente nele que interessou e também convergiu, significativamente, com outros estudos em que o recorte principal era a própria brincadeira (Carvalho *et al.*, 2003).

Fernanda Müller teve seu primeiro contato com a obra de Corsaro em uma visita a Braga, ao colega e amigo Manuel Sarmento, em abril de 2002. Naquele momento, o interesse principal era estudar as crianças a partir do ponto de vista delas. Logo, o estudo de *Sociology of childhood* (1997) foi motivador para a aproximação às discussões teóricas e metodológicas sobre a infância realizadas por Corsaro e outros autores europeus, tais como Jens Qvortrup, Alan Prout, Allison James, Priscilla Alderson, Ginny Morrow, entre outros. Corsaro motivou uma profunda discussão sobre metodologias de pesquisa com crianças, ao negar, em seus trinta anos de pesquisa, visões equivocadas sobre as crianças e a infância: a tendência de infantilização e o reforço da imaturidade das crianças; a produção de evidências de incompetência; o entendimento de que o consentimento dos pais e professoras é suficiente para a realização de pesquisas com as crianças.

Corsaro foi também o responsável pelo primeiro contato entre Ana e Fernanda, que o conheceram em momentos diferentes. A partir de trajetórias de pesquisa distintas, ambas encontraram referenciais teóricos e metodológicos em comum e iniciaram um diálogo, que incorporou outros pesquisadores e se reflete neste livro. Não só na Europa e nos Estados Unidos, mas também no Brasil, diferentes áreas e disciplinas investigam a infância e as crianças, o que pode ser observado em maior escala na educação e psicologia; em menor escala, na história, geografia, antropologia, sociologia, ciência política (Rocha, 1999). Mais importante do que inaugurar a emergente sociologia da infância no Brasil seria reunir e reorganizar o que já se tem produzido em torno de múltiplos eixos, de forma a fortalecermos um campo de estudos da infância. Desenvolver frentes de estudos da infância não implicaria a negação das contribuições dos sociólogos da infância. Pelo contrário, a consideração de suas ideias, assim como das críticas que alguns conceitos vêm sofrendo, é imprescindível para ancorar novos paradigmas.

O livro conta com a contribuição de estudiosos da infância, pertencentes aos campos da psicologia e educação, que dialogam com Corsaro a partir de suas perspectivas teóricas, metodológicas e práticas. Quatro psicólogas e uma educadora comentam o capítulo sobre reprodução interpretativa. Três pesquisadores de psicologia com orientação etológica e uma educadora comentam o de metodologia. Uma psicóloga e duas educadoras comentam o capítulo relativo à educação das crianças na Itália e nos Estados Unidos. Essas contribuições serão integradas no capítulo final.

Referências bibliográficas

CARVALHO, A. M. A. Brazilian children at play: Interactional dynamics as a locus for the construction of culture. *Members Publications The Storycrafting Method,*

Helsinki, Finlândia. Disponível em: <www.stakes.fi/palvelut/palvelujen_laatu/lapset/In_English/Children_culture.htm, 2004>. Data de acesso: nov. 2007.

_____. (Orgs.). *Brincadeira e cultura:* viajando pelo Brasil que brinca. São Paulo: Casa do Psicólogo, 2003. 2 v.

CARVALHO, A. M. A.; PEDROSA, M. I. Cultura no grupo de brinquedo. *Estudos de Psicologia*, Natal, v. 7, p. 181-188, 2002.

_____. Territoriality and social construction of space in children's play. *Revista de Etologia*, São Paulo, v. 6, p. 63-69, 2004.

CARVALHO, A. M. A.; RUBIANO, M. R. B. Vínculo e compartilhamento na brincadeira de crianças. In: ROSSETTI-FERREIRA, M. C.; AMORIM, K. S.; SILVA, A. P. S.; CARVALHO, A. M. A. (Orgs.). *Rede de significações e o estudo do desenvolvimento humano*. Porto Alegre: Artmed, 2004. p. 171-187.

CORSARO, W. A. *Friendship and peer culture in the early years.* Norwood: Ablex, 1985.

_____. *The sociology of childhood.* California: Pine Forge Press, 1997.

_____. *We're friends, right?:* inside kids' cultures. Washington DC: Joseph Henry Press, 2003.

_____; MOLINARI, L. *I compagni:* understanding children's transition from preschool to elementary school. New York: Teacher College Press, 2005.

LORDELO, E. R.; CARVALHO, A. M. A. Educação infantil e psicologia: para que brincar? *Psicologia, Ciência e Profissão*. Brasília, v. 23, p. 14-21, 2003.

MONTANDON, C. *L'éducation du point de vue des enfants:* un peu blessés au fond du coeur. Paris: Editions L'Harmattan, 1997.

_____. Sociologia da infância: balanço dos trabalhos em língua inglesa. *Cadernos de Pesquisa*, São Paulo, n. 112, p. 33-60, mar. 2001.

MORROW, V. Rethinking childhood dependency: children's contributions to the domestic economy. *The Sociological Review*, v. 44, n. 1, p. 58-77, 1996.

PEDROSA, M. I. *Interação criança-criança como espaço de construção do sujeito.* Tese de Doutorado, Universidade de São Paulo, São Paulo, 1989.

PEDROSA, M. I.; CARVALHO, A. M. A. Análise qualitativa de episódios de interação: uma reflexão sobre procedimentos e formas de uso. *Psicologia: Reflexão e Crítica*, Porto Alegre, n. 18, p. 431-442, 2005.

_____. Construction of communication during young children's play. *Revista de Etologia*. São Paulo, v. 8, p. 1-11, 2006.

PROUT, A.; JAMES, A.; A new paradigm for the Sociology of Childhood? Provenance, promise and problems. In: JAMES, A.; PROUT, A. *Constructing and reconstructing childhood.* London: Palmer Press, 1997, p. 7-33.

ROCHA, E. A. C. *A pesquisa em educação infantil no Brasil*: trajetória recente e perspectivas de consolidação de uma pedagogia. Campinas: Unicamp, 1999. 262 f. Tese de Doutorado (Doutorado em Educação) — Programa de Pós-Graduação em Educação, Faculdade de Educação, Universidade Estadual de Campinas, Campinas, 1999.

SIROTA, R. Emergência de uma sociologia da infância: evolução do objeto e do olhar. *Cadernos de Pesquisa.* São Paulo, n. 112, p. 7-31, mar. 2001.

PARTE I
Refletindo sobre conceitos

CAPÍTULO 1

Reprodução interpretativa e cultura de pares*

William A. Corsaro

Apresento uma abordagem à socialização na infância que denomino reprodução interpretativa (Corsaro, 2005). O termo interpretativa captura os aspectos inovadores da participação das crianças na sociedade, indicando o fato de que as crianças criam e participam de suas culturas de pares singulares por meio da apropriação de informações do mundo adulto de forma a atender aos seus interesses próprios enquanto crianças. O termo reprodução significa que as crianças não apenas internalizam a cultura, mas contribuem ativamente para a produção e a mudança cultural. Significa também que as crianças são circunscritas pela reprodução cultural. Isto é, crianças e suas infâncias são afetadas pelas sociedades e culturas das quais são membros.

Verifiquei em meus estudos que a produção da cultura de pares pelas crianças não é uma questão de simples imitação. As crianças apreendem criativamente informações do mundo adulto para produzir suas culturas

---

* O sentido da palavra "pares" não é o de duplas, e sim de parceiros, de iguais — como em "pares do reino". Em nosso próprio trabalho, preferimos a expressão "Cultura do grupo de brinquedo". (N.T.)

próprias e singulares. Defino cultura de pares como um conjunto estável de atividades ou rotinas, artefatos, valores e interesses que as crianças produzem e compartilham na interação com seus pares.

Neste texto tratarei de dois exemplos de rotinas da cultura de crianças pequenas e examinarei alguns exemplos dessas rotinas para refletir sobre sua importância na vida cotidiana das crianças. Na conclusão, considerarei a possibilidade de que essas rotinas sejam aspectos universais das culturas de pares das crianças, dada sua produção em diferentes espaços e tempos.

Brincadeira de aproximação-evitação

A estrutura básica de aproximação-evitação aparece em exemplos formais ou ritualizados de brincadeiras com regras, como *La Strega* (A Bruxa), na Itália, e muitas outras. A brincadeira de aproximação-evitação tipicamente envolve quatro fases, ilustradas nas Figuras 1-4 com a brincadeira do *Balde que anda*: identificação, aproximação, evitação e retorno à base segura.

Na fase de identificação (Figura 1), as crianças descobrem ou criam um agente ameaçador (no caso, uma quarta criança, que colocou um balde sobre a cabeça e o tronco). Nesse momento, as três crianças que descobrem o agente ameaçador estão abrigadas em um cercadinho, que mais adiante vai funcionar como "pique" ou base segura. Na fase de aproximação (Figura 2), as crianças parecem provocar o agente ameaçador, aproximando-se cautelosamente dele e então exibindo gestos e vocalizações. Neste momento, o agente ameaçador é neutralizado (não enxerga ou finge que não enxerga as outras crianças). Na fase de evitação (Figura 3), o agente ameaçador é "empoderado", isto é, lhe é atribuído poder pelo grupo de crianças, e as outras crianças fogem, fingindo estar com medo. O agente ameaçador persegue as crianças, que se dirigem à base segura. Na quarta fase (Figura 4), a base segura é alcançada, e nela os "perseguidos" estão a salvo do agente ameaçador.

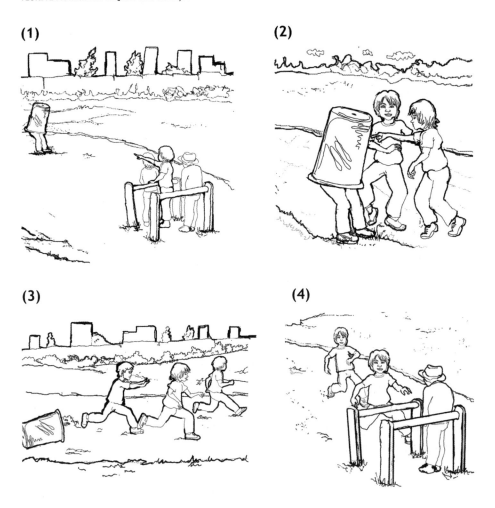

Qual a importância da aproximação-evitação na cultura de pares? A aproximação e a provocação ao agente ameaçador podem ser entendidas como uma proposta de brincadeira, na qual ocorre a constituição daquela criança como detentora de um papel no enredo. O agente ameaçador é enfim controlado pelas crianças ameaçadas; estas são capazes de iniciar, reciclar, aperfeiçoar e finalizar a rotina. A estrutura da rotina envolve acumulação e liberação de tensão.

A reprodução interpretativa é claramente ilustrada por essas brincadeiras. As crianças produzem coletivamente uma rotina na qual compartilham a acumulação de tensão, a excitação da ameaça, e o alívio e a alegria da fuga. As representações sociais de perigo, mal, desconhecido e outras ambiguidades, que estão se desenvolvendo nas crianças, são mais firmemente apreendidas e controladas.

A estrutura básica de aproximação-evitação parece ser a base de muitos tipos de brincadeiras de perseguição e fuga de crianças em todo o mundo. É interessante notar que esta rotina espontânea é observada em crianças muito pequenas, mesmo antes do surgimento de brincadeiras mais formais, que mais tarde são construídas sobre esta rotina.

Brincadeiras de dramatização de papéis

Pesquisadores que estudam crianças argumentam já há muito tempo a respeito da importância de brincadeiras de dramatização de papéis para o desenvolvimento social e emocional das crianças. Tal como a maioria dos adultos, esses pesquisadores quase sempre veem os jogos de papéis como imitação direta de modelos adultos. No entanto, as crianças não imitam simplesmente modelos adultos nessas brincadeiras, mas antes elaboram e enriquecem continuamente os modelos adultos para atender a seus próprios interesses.

A apropriação e o enriquecimento de modelos adultos pelas crianças se referem primariamente a *status*, poder e controle. Ao assumir papéis adultos, as crianças adquirem poder (são "empoderadas"). Elas utilizam a licença dramática da brincadeira imaginativa para projetar o futuro — a época em que terão poder e controle sobre si mesmas e sobre os outros.

Jogos de papéis também permitem que a criança faça experiências sobre como diferentes tipos de pessoas da sociedade agem e se relacionam entre si. Um aspecto de grande importância para as crianças é o gênero, as expectativas sobre comportamento de meninos e meninas e a forma como papéis são socialmente estereotipados por gênero. Mais uma vez veremos aqui que as crianças não aceitam esses estereótipos, mas os desafiam e refinam. Assim, expectativas de gênero não são simplesmente

TEORIA E PRÁTICA NA PESQUISA COM CRIANÇAS

inculcadas nas crianças pelos adultos, mas são socialmente construídas pelas crianças nas interações com adultos e entre si.

Jogo de papéis e poder social

As crianças começam a brincar de papéis já aos dois anos de idade, e a maior parte dos jogos de papéis entre dois e cinco anos é sobre expressão de poder. Em minha pesquisa inicial, eu estava interessado no uso da linguagem na brincadeira entre um irmão e uma irmã, Krister e Mia, e um segundo garoto, Buddy. Em uma das sessões de brincadeira, Mia (que tinha quatro anos e frequentava a pré-escola) e os dois meninos (ambos com cerca de dois anos e meio e sem experiência escolar) iniciaram uma sequência de jogo de papéis quando Mia sugeriu que brincassem de professor. Krister quis ser o professor, e trouxe uma cadeira para a frente de um grande quadro negro existente na sala.

Mia, Buddy e eu nos sentamos no chão, como alunos. Krister pegou o giz e disse: "Agora escrevam isto!", e desenhou diversas linhas. "Isso não são letras, são só linhas", provoquei. "Ele ainda não escreve bem", respondeu Mia, meio aborrecida. "Faça de conta que são letras". Mas Krister não permitiu que sua autoridade fosse desafiada. Gritou comigo: "Bill, você é um menino mau! Vá sentar no canto agora mesmo!". Krister apontou para um canto da sala e eu peguei minha folha de papel e fui sentar lá. Buddy e Mia começaram a rir, mas Krister deu mais algumas ordens sobre o que devia ser escrito, e Mia, Buddy e eu o atendemos.

Com este exemplo, é possível perceber que uma criança pequena, que não possuía experiência de escola, tinha, no entanto, a informação de que professores são poderosos e dizem às crianças o que elas devem fazer. Além disso, garotos malcomportados têm que se sentar no canto. Será que Krister aprendeu isso com Mia? É possível, mas não a partir da experiência dela na pré-escola. O pai deles me garantiu que na escola de Mia não se mandava criança sentar no canto. Talvez a informação tenha vindo de algo na televisão, tal como um desenho animado ou uma brincadeira de adultos sobre crianças que não se comportam bem na escola terem que sentar no canto. A fonte da informação de Krister importa menos do que seu desejo de expressar o poder que se tem em um papel adulto e hierarquicamente superior (isto é, um papel com o maior poder ou autoridade), uma situação em que as crianças raramente se encontram.

No jogo sociodramático as crianças desfrutam a assunção e a expressão de poder. É divertido fazer isso. Em um episódio complexo de jogo de papéis de meu trabalho em Berkeley, as crianças (todas em torno de quatro anos de idade) claramente expressavam poder e controle nos papéis hierarquicamente superiores, se comportavam mal e obedeciam nos papéis subordinados, cooperavam nos papéis de *status* equivalente, mas se confundiam a respeito do arranjo e das expectativas de gênero em outros papéis.

Brincadeira de jogo de papéis: Dois Maridos

No episódio descrito a seguir, um menino, Bill, e uma menina, Rita, entram no andar de cima da casa de bonecas levando bolsas e uma maleta. Antes de subir, já tinham combinado a respeito dos papéis de marido e mulher. Depois de deixarem as bolsas e a maleta no chão, eles olham para as crianças que brincam no piso inferior da sala. Veem dois meninos, Charles e Denny, engatinhando e miando como gatos.

Bill e Rita agora estão arrumando a casa. Pegam cobertores na cama e colocam as bolsas e a maleta no chão em frente à cama. Bill pega um berço e o coloca ao lado da cama, bloqueando a área em torno na cama e separando-a do resto da sala.

"Este é nosso quarto, certo?", diz Bill.

"Certo", responde Rita.

"É nosso quartinho onde dormimos, certo?", acrescenta Bill. *"Nosso quartinho. Nosso..."*

"Nós somos a família de gatinhos", diz Denny, interrompendo Bill enquanto ele e Charles sobem a escada e entram na casa de boneca. Os dois começam a engatinhar pela casa miando.

"*Aqui, gatinho, aqui, gatinho*", diz Rita, inclinando-se para afagá-los. "*É, eles são os nossos dois gatinhos*", anuncia para Bill.

"*Gatinho, você não pode entrar neste quarto!*", ordena Bill severamente. Mas um dos gatinhos, Charles, desobedece imediatamente, entra no quarto e sobe na cama. Enquanto isso, o outro gatinho derruba no chão um prato que está sobre a mesa.

"*Não! Não!*", grita Bill. Ele enxota os gatinhos de volta para a escada. "*Saiam! Vão para o quintal!*"

Rita vem em auxílio de Bill e grita: "*Vão para o quintal, gatos! Desçam! Desçam!*".

Os gatinhos vão para a escada e Charles começa a descer. Mas Denny para no alto da escada e diz: "*Não, eu sou o gatinho. Sou o gatinho*". Parece que ele quer ficar. Mas o marido e a mulher insistem para que ele se vá.

"*Volte para o quintal!*", ordena Bill.

"*Vão para o quintal. É! É!*", grita Rita, empurrando o gatinho restante com as mãos.

Denny desiste e desce a escada.

Bill olha para os dois gatinhos e diz: "*Vão para o quintal, estamos ocupados!*".

"*Eles nos deram trabalho*", diz Rita.

Depois que os gatinhos saem, marido e mulher decidem que a casa precisa de uma limpeza. Em harmonia com papéis estereotipados de gênero, Bill arrasta os móveis enquanto sua mulher, Rita, limpa o chão. Bill segura a mesa e fala: "*Cuidado, vou arrastar nossa mesa*".

"*Você é um homem prestativo, Bill. Um homem prestativo*", cantarola Rita.

"*Agora*", diz Bill e empurra o fogão para perto da porta e depois arrasta a mesa.

"*Bill? Bill?*", chama Rita.

"*O que é?*"

"*Você é um homem forte*", elogia Rita.

"*Eu sei. Acabei de arrastar isto*", diz Bill, referindo-se à mesa.

Aqui as crianças trabalham juntas em harmonia com expectativas estereotipadas de papéis de gênero, que se expressam em ações e são reforçadas por avaliações verbais.

Enquanto Rita faz de conta que está enxugando o chão, os gatinhos voltam. Bill tenta impedi-los, mas eles escapam e entram no chão recém-limpo. Bill tenta enxotar os gatinhos de volta para a escada.

"Venham, gatinhos, fora! Saiam! Saiam! Saiam!"

Rita para a limpeza para ajudar o marido. *"Vamos, saiam, saiam!"*, ela grita.

Charles engatinha de volta para a escada, mas Denny fica, se levanta e anuncia: *"Não sou mais — não sou mais um gatinho"*.

"Você é um marido?", pergunta Bill.

"Sou", concorda Denny.

"Ótimo. Precisamos de dois maridos", diz Bill.

Agora Bill chama Rita, que parece não ter escutado esse diálogo.

"Olha, dois maridos."

Rita não gosta dessa proposta e oferece uma alternativa: *"Não posso ter dois maridos, porque tenho uma avó"*.

"Bem, eu — então eu sou o marido", diz Denny.

"É, maridos! Maridos!", cantarolam Denny e Bill dançando ao redor da sala.

"Para, Bill", diz Rita. *"Eu não posso ter dois maridos."*

Rita mostra dois dedos e sacode a cabeça. *"Dois não, dois não"*. A seguir, desce a escada. Enquanto isso, Bill e Denny dançam e cantam: *"Dois maridos! Dois maridos!"*.

Rita anda em volta da casa de boneca do piso inferior balançando a cabeça. Para perto da escada ao mesmo tempo em que Bill e Denny estão descendo, e diz: *"Não posso casar com dois maridos. Não posso casar com dois maridos porque amo eles"*. Bill diz para Rita: *"É, nós amamos"*. Volta-se para Denny e diz: *"Vamos casar, certo?"*. *"Certo"*, responde Denny.

Os meninos voltam para o piso superior e continuam cantarolando: *"Maridos!"*. Dançam e pulam sobre a cama, mas não há atividade coorde-

TEORIA E PRÁTICA NA PESQUISA COM CRIANÇAS

nada. Não fica claro para eles e nem para mim o que é que dois maridos fazem, especialmente sem uma esposa. Mais tarde Rita sobe a escada e diz que é um gatinho. Os dois maridos a advertem quanto a arranhá-los e se comportar mal, e a enxotam escada abaixo. Pouco depois o jogo de papéis é interrompido pelo aviso da professora de que *"está na hora de arrumar tudo"*.

Vemos nesta sequência que o marido e a mulher expressam claramente sua autoridade sobre os gatinhos por meio do uso de imperativos emitidos com entonações fortes e acompanhados por gestos de controle. Mas vemos também que os gatinhos provocam essas manifestações fortes através de mau comportamento e resistência. De fato, em muitos episódios de jogo de papéis os subordinados (crianças, ou animais de estimação) frequentemente se comportam mal, fazendo exatamente o que lhes é dito para não fazerem! Nesse processo emergem enredos de disciplina com uma estrutura de linguagem semelhante à que vimos acima, na qual o poder é claramente exibido e imposto. É como se as crianças quisessem que isso acontecesse. Elas querem criar e compartilhar emocionalmente o poder e controle que os adultos têm sobre elas.

Depois que os gatinhos foram embora, marido e mulher decidiram que a casa precisava de uma limpeza. Em harmonia com papéis estereotipados de gênero, Bill arrastou os móveis enquanto sua esposa, Rita, limpava o chão. Aqui as crianças trabalham juntas de acordo com expectativas estereotipadas de gênero que se expressam em ações (isto é, maridos são fortes e ajudam arrastando os móveis, enquanto as mulheres fazem a limpeza) e são reforçadas por avaliações verbais (por exemplo, Rita nota que Bill é um homem forte e prestativo). Enquanto Rita está fazendo de conta que enxuga o chão, os gatinhos voltam. Bill tenta impedir que eles entrem, mas eles correm para dentro no chão recém-limpo. Bill tenta enxotá-los de volta para a escada.

Nesta sequência o jogo de papéis encontra um obstáculo, pelo menos para Rita, quando Denny decide que não quer mais ser um gato. Talvez ele estivesse ficando cansado de ser enxotado pela escada. De qualquer forma, Bill sugere que Denny também seja marido, e quando Denny aceita, ele diz: "Tá bom, precisamos de dois maridos". Não fica claro por que Bill faz essa proposta. Provavelmente, como Denny é um menino, e homens são maridos, Bill acha que Denny deve ser um marido, como ele próprio. Rita, no entanto, pensa de outra forma, e vê um problema que vai além dos estereótipos de gênero: uma mulher e dois maridos.

Enquanto os meninos dançam e comemoram os papéis de dois maridos, Rita argumenta sem sucesso que ela não pode conquistar, ter, casar com, ou amar dois maridos. Ela sabe que há alguma coisa errada nessa relação (pelo menos entre os adultos de sua cultura). O que há de errado tem a ver com sua compreensão emergente de que os papéis de marido e mulher não são apenas específicos dos gêneros, mas também se relacionam entre si de maneiras particulares. Maridos e mulheres se amam e se casam. Está até pressuposto que isso ocorre em sua relação de faz de conta com Bill. Mas o que é que ela vai fazer com Denny?

Ela parece oferecer a Denny o papel de avó: "Não posso ter dois maridos porque tenho uma avó". Mas sua frase é confusa e avó está no gênero errado — se fosse avô poderia ter funcionado. É interessante o contraste entre o entusiasmo dos meninos por serem dois maridos — Bill chega a sugerir que eles se casem, mas a cerimônia não ocorre — e o desconforto de Rita com essa proposta. No final, ela resolve o problema tornando-se um gatinho, e a brincadeira continua com um retorno ao mau comportamento e disciplina.

No entanto, Rita teve uma percepção sobre a complexidade das relações de papéis. Nos termos de Piaget (1968), ela teve um desequilíbrio em seu sentido do mundo social e tentou compensá-lo. Vemos, portanto, que o jogo de papéis é diversão e improvisação, é imprevisível e rico de oportunidades para reflexão e aprendizagem.

Non C'e Zuppa Inglese:[1] ampliando o contexto no jogo de papéis

O jogo de papéis envolve mais do que a aprendizagem de conhecimentos sociais específicos; envolve também aprender a relação entre

---

1. Mantivemos a expressão original em italiano, por não haver um correspondente exato em português. A expressão significa aproximadamente "creme inglês", um sabor de sorvete. (N.T.)

contexto e comportamento. Como argumenta o antropólogo Gregory Bateson (1956), ao brincar de papéis a criança não aprende apenas algo a respeito da posição social específica daquele papel, mas "aprende também que existem papéis". Segundo Bateson (1956), a criança "adquire um novo modo de ver, parcialmente flexível e parcialmente rígido", e aprende "o fato de a flexibilidade estilística e o fato de que a escolha de estilo ou de papel está relacionada à 'moldura' ou contexto do comportamento".

O reconhecimento, pela criança, do "poder transformador" da brincadeira é um elemento importante da cultura de pares. É ao uso que ela faz desse poder transformador no jogo de papéis que vou me referir como "ampliação do contexto", em acordo com Bateson e com o sociólogo Irving Goffman (1974). Um exemplo é o episódio descrito a seguir.

Em Bolonha, Emília, uma menina, criou uma loja de sorvete com duas de suas amigas. Ela se aproximou de onde eu estava brincando com três meninos, Alberto, Alessio e Stefano. Estou com o microfone na mão porque estamos videogravando a brincadeira (Corsaro, 2003).

"Bill, quer vir ver a nossa loja?", ela pergunta.

"Agora não posso porque ... ahn.. estou com isto ...". Hesito com minha resposta porque não estou certo de como dizê-la em italiano.

"Microfone", ela completa.

"É. Não posso... ahn...", *digo*, mostrando que o cabo do microfone não é suficientemente longo para que eu vá até sua loja. *"Você pode trazer o sorvete pra mim?"*, tento dizer, mas minha gramática está errada e ela não me entende.

"O quê?"

"Pega o sor...", eu digo, confundindo "trazer" e "pegar". Mas logo me recupero: *"Traz o sorvete pra mim"*.

"Está bem, mas ainda temos que...", ela começa.

"Chocolate e ... ahn ... chocolate e ba ... baunilha", eu digo. Eu já tinha notado que Emília e suas amigas estavam usando lixo como chocolate de mentira, e areia como "crema", ou baunilha.

"Tá bem", ela diz, *"mas precisamos terminar a loja, ainda temos de fazer ... a baunilha."*

"Tudo bem."

"Depois que eu trouxer pra você, tem também morango. Tem ... vou dizer pra você todos os sabores."

"*Tá*", digo.

Emília gesticula contando os sabores com o polegar e depois com os outros dedos. "*É, chocolate, morango, baunilha...*"

"*Limão?*", pergunta Stefano.

"*Não, não tem*", diz Emília

Digo: "*Eu gosto de... ahn... baunilha e morango*".

"*Ok.*"

"*Para Stefano*", eu digo, "*para Stefano, baunilha.*"

Mas Stefano quer fazer seu próprio pedido. "*Pra mim, morango e banana.*"

Emília fica frustrada com esse pedido, já que acabou de listar os sabores. "*Banana não tem!*", ela insiste.

"*Limão*", diz Stefano, sabendo muito bem que não tem.

"*Não tem!*", responde Emília.

"*Não tem limão*", lembro a Stefano.

"*Chocolate*", Stefano concorda finalmente.

"*Chocolate*", repete Emília, e se afasta na direção de sua loja para buscar o sorvete.

No entanto, Alberto faz um pedido: "*Ei, pra mim, zuppa inglese — chantilly e pistache*".

"*Zuppa inglese*", dizemos eu e Stefano, rindo.

"*Elas não têm*", digo a Alberto.

Emília volta e se inclina sobre nós: "*Non c'e zuppa inglese, non ce pistacchio!*".

(*Não tem zuppa inglese, não tem pistache.*)

"*O.k. então quero banana*", diz Alberto.

Agora todos rolam de rir.

"Não tem!", diz Emília com um grande sorriso.

"Então quero qualquer coisa que tenha chocolate", concorda finalmente Alberto.

"Tem chocolate. Tem baunilha, chocolate, morango, pode ser que tenha pistache."

"E refrigerante de laranja?", pergunta Alberto.

"Bom, vou ver", diz Emília, e volta para a loja.

Neste exemplo, Emília quer inicialmente permanecer no contexto delimitado do fazer de conta que tem uma pequena loja de sorvete, com sabores que podem ser representados por objetos existentes no pátio: lixo, folhas etc. Embora eu tenha dificuldades para fazer meu pedido, por causa do meu italiano ainda precário, permaneço no contexto e aceito ou, antes, proponho "chocolate", um sabor que sei que ela tem. Mas Stefano, e depois Alberto, sugerem mais ou menos: " Qual é a graça disso?!". Eles ampliam o contexto pedindo de propósito os sabores que sabem que Emília não tem, ou faz de conta que não tem. Assim, todo o jogo de papéis passa a ser sobre "brincar com a brincadeira".

Essa reviravolta nos eventos fica mais clara quando Alberto chama Emília quando ela está se afastando, e pede *zuppa inglese* (um sabor raro[2] de sorvete, associado a uma sobremesa inglesa.[3]) Nessa altura, até eu entendo o que está acontecendo, e me associo às risadas dos outros meninos diante do pedido de Alberto. Emília, fingindo-se aborrecida, está claramente se divertindo em lidar com Alberto. Ela desfruta a oportunidade de recusar o pedido, respondendo *"Non c'e zuppa inglese!"*. A resposta de Alberto a isso é pedir banana! Mais tarde, no entanto, Emília dá um pouco o braço a torcer e diz que pode ser que tenha pistache e que vai verificar se tem refrigerante de laranja.

---

2. Em todas as minhas estadias na Itália, só me deparei uma vez com esse sabor de sorvete, que não é servido em sorveterias comuns.

3. *Trifle*: um bolo tipo pão de ló, umedecido com vinho, coberto com geleia, molho de creme e *chantilly*. (N.T.)

Brincadeira e cultura de pares hoje e em outras épocas e lugares

Seriam as brincadeiras de aproximação-evitação e o jogo de papéis aspectos universais da cultura de pares em crianças?

A aproximação-evitação é um tipo de brincadeira que tem sido documentado em diferentes épocas e diferentes culturas. Relaciona-se claramente com diversas brincadeiras de perseguição e fuga em que uma criança assume o papel de agente ameaçador. As crianças italianas que estudei, tal como suas coetâneas americanas, envolviam-se em rotinas espontâneas de aproximação-evitação. No entanto, as crianças italianas produziram também um jogo formal, que chamavam *La Strega* (A Bruxa), cuja estrutura de participação é muito semelhante à da rotina de aproximação-evitação (Corsaro, 2005). A fascinação das crianças italianas pelas bruxas sem dúvida está relacionada à personagem mítica *La Befana*. La Befana é uma bruxa que voa em uma vassoura e traz presentes para as crianças em 6 de janeiro, dia de Reis ou Epifania. Segundo a lenda, os três reis magos pararam para pedir orientação a *La Befana* sobre o caminho para Belém. Também a convidaram a juntar-se a eles, mas ela disse que estava muito ocupada varrendo, e mandou-os embora. Logo a seguir se arrependeu e partiu atrás dos magos. Mas não conseguiu encontrá-los, e desde então sobrevoa a Itália procurando Jesus recém-nascido e deixa presentes na casa de todas as crianças, para o caso de uma delas ser o Salvador. A lenda foi alterada nos tempos modernos: os pais dizem às crianças que *La Befana* não deixa presentes para crianças malcomportadas. Diz-se que ela desce pelas chaminés em sua vassoura e deixa presentes e doces para as crianças boazinhas, e apenas pedaços de pau e de carvão para as malcomportadas.

La Strega

O primeiro passo para brincar de *La Strega* é conseguir que um dos parceiros aceite o papel de bruxa.

Cristina, Luísa e Rosa (todas com cerca de quatro anos) estão brincando no pátio externo da pré-escola de Bolonha. Rosa aponta para Cristina e diz: "Ela é a bruxa!". Cristina não responde, mas parece estar relutando.

"Você topa ser a bruxa?", pergunta Luísa.

"Está bem", concorda Cristina.

Cristina se afasta das outras meninas e tapa os olhos com as mãos. Luísa e Rosa aproximam-se lentamente de Cristina, quase chegando a tocá-la. Ao chegarem perto, Cristina diz repetidamente: *"Colore! Colore! Colore!"* (Cor, cor, cor). Luísa e Rosa se aproximam mais a cada repetição. Quando estão muito próximas, Cristina grita: *"Viola!"* (Violeta).

Luísa e Rosa fogem gritando, e Cristina as persegue. Luísa e Rosa agora correm em direções diferentes, e Cristina persegue Rosa. Quando Cristina está quase alcançando-a, Rosa toca um objeto de cor violeta (um brinquedo que está no chão, e que serve como base segura, ou pique). Cristina se volta para procurar Luísa e vê que ela também encontrou um objeto de cor violeta (o vestido de outra menina).

Cristina fecha os olhos novamente e repete: *"Colore! Colore! Colore!"*. As outras meninas iniciam uma segunda aproximação e a rotina é repetida, dessa vez sendo o "cinza" a cor anunciada. Mais uma vez Rosa e Luísa encontram e tocam corretamente objetos coloridos imediatamente antes de Cristina alcançá-las.

Cristina sugere então que Rosa seja a bruxa, e ela concorda. A rotina é repetida mais três vezes com cores diferentes. A cada dez, *La Strega* persegue mas não captura as crianças em fuga.

Vemos aqui que as crianças italianas formalizaram as características principais da rotina de aproximação-evitação (um agente ameaçador do qual se chega perto quando está impotente e que se evita quando adquire poder, medo fingido por parte das crianças ameaçadas, a segurança de uma base ou pique, a acumulação e liberação de tensão, e as possibilidades de repetição e de enriquecimento da brincadeira) em um jogo em que podem se engajar a qualquer hora. De fato, em meu segundo ano na pré-escola de Bolonha descobri que as crianças tinham criado uma interessante variação de *La Strega*.

Eu queria filmar uma sequência da brincadeira e pedi às crianças que brincassem de *La Strega* para mim. Uma menina, Martina, perguntou: "Você quer '*La Strega colore comando*' ou '*La Strega bibita*' ?". Compreendi imediatamente que a versão de *La Strega* que eu tinha presenciado e documentado em minhas notas de campo no ano anterior era "*colore comando*", e fiquei curioso para descobrir mais a respeito de "*La Strega bibita*". Eu sabia que "*bibita*" significa refrigerante, mas não estava claro para mim de que forma um refrigerante entraria na estrutura da aproximação-evitação. Pedi então: "Me mostrem *La Strega bibita*".

As crianças concordaram, e Martina se ofereceu para ser a bruxa. Maria reuniu os parceiros em um grupo, e cada criança cochichou algo em seu ouvido. Cheguei mais perto e consegui ouvir que estavam dizendo a ela diferentes sabores de refrigerante (laranja, morango, limão etc.). Quando uma criança dizia um sabor que já era de outra, Maria lhe dizia para escolher outro sabor. Finalmente todas as crianças tinham o seu próprio sabor de refrigerante. Então se ajoelharam no chão alinhadas, olhando para o lado oposto ao de Martina. Martina se aproximou e andou para baixo e para cima da fila de crianças várias vezes. Finalmente parou atrás de uma menina, Elena, e bateu em suas costas. "Quem é?", perguntou Elena. "*La Strega*", respondeu Martina. "*O que você quer?*", disse Elena. "*Um refrigerante*", replicou Martina.

Martina então recuou, e todas as crianças se levantaram e se aproximaram dela caminhando lado a lado. Depois que deram alguns passos, Martina lhes ordenou que mantivessem o alinhamento correto. Finalmente, quando estavam bem perto de Martina, ela gritou um sabor: "Laranja!". Rita tinha escolhido laranja, e começou a correr, mas tropeçou e Martina a agarrou e capturou facilmente. As outras crianças se aborreceram com esse desenlace e criticaram Rita por seu desajeitamento. Martina disse que elas deviam recuar e se aproximar de novo, e ela escolheria um novo sabor. Assim foi feito, e ela gritou "Limão!". Luca saiu correndo, com Martina atrás dele. Ela perseguiu Luca por todo o pátio, enquanto as outras crianças gritavam: "Luca! Luca! Luca!". Luca correu mais depressa do que Martina,

TEORIA E PRÁTICA NA PESQUISA COM CRIANÇAS

deu a volta ao pátio e chegou ao grupo antes que a bruxa conseguisse pegá-lo. Foi recebido pelas outras crianças com vivas e tapinhas nas costas. Martina se aborreceu e se queixou de que Luca tinha feito jogo sujo ao escolher aquele percurso. Mas as outras crianças ignoraram sua queixa, e Martina aceitou de boa vontade que Luca tinha escapado, e sugeriu que uma nova bruxa fosse escolhida para continuar a brincadeira.

O que impressiona na brincadeira de aproximação-evitação das crianças italianas é que elas formalizaram um jogo com regras gerais (*La Strega*) e ao longo de um ano inventaram uma variante do jogo original. O novo jogo (*La Strega bibita*) tem uma série de aspectos interessantes que ilustram a natureza inovadora da cultura de pares. Em primeiro lugar, em vez de as crianças identificarem a bruxa e se aproximarem dela, é ela quem se aproxima inicialmente de um grupo de crianças e escolhe uma para iniciar a rotina. Essa fase inicial envolve a colaboração entre as crianças ameaçadas para escolher um sabor de refrigerante (algo de que as crianças em geral gostam), e uma acumulação de tensão à medida que a bruxa se aproxima do grupo e anda para cima e para baixo até escolher uma criança para quem vai pedir um refrigerante. A criança que desempenha o papel de bruxa tem bastante liberdade de decidir quando começar a brincadeira enquanto percorre o alinhamento de crianças várias vezes antes de fazer sua escolha. Quando a bruxa pede um refrigerante, as crianças se aproximam lentamente, uma ao lado da outra, e chegam muito perto do agente ameaçador. A bruxa então grita o sabor escolhido, e uma das crianças é removida do grupo e tenta escapar da bruxa. Embora esteja sozinha, essa criança é apoiada e encorajada pela torcida dos parceiros para que escape da bruxa. Nessa variante, o próprio grupo de crianças ameaçadas se torna a base segura (pique), e a criança perseguida vence a bruxa quando se reúne ao grupo.

Esse tipo de brincadeira também foi documentado entre as crianças !Kung na Namíbia, Sudoeste da África, pela antropóloga Lorna Marshall em 1950-60. As crianças brincavam de um jogo chamado Sapos, um inverso do Mamãe, eu posso? A brincadeira começa com a escolha de uma criança para ser "mãe de todos", enquanto as demais crianças sentam-se em círculo. Quando a mãe toca uma criança com uma vareta, a criança finge que está dormindo. Quando todas as crianças estão dormindo, a mãe arranca cabelos de sua cabeça e os coloca em um caldeirão imaginário para cozinharem. Os cabelos são "sapos" que foram caçados para serem comidos. Quando os sapos estão cozidos, a mãe acorda os filhos um por um e pede a cada um que vá buscar o pilão e a mão do pilão para que ela termine de preparar os sapos. Mas as crianças se recusam; então a mãe, zangada, vai ela mesma buscar o pilão e a mão de pilão. Enquanto ela está longe, as crianças roubam os sapos e fogem para se esconder. Quando a mãe volta, ela finge estar muito zangada e persegue as crianças. Quando encontra uma criança, bate nela com o dedo. Essa ação "quebra a cabeça" de forma que os "miolos da criança escorrem para fora", e a mãe então finge beber os "miolos". A parte final da brincadeira frequentemente resulta em caos, quando as crianças tentam escapar da mãe. Em seguida as crianças passam a perseguir umas às outras, rindo e batendo nas cabeças umas das outras (Marshall, 1976, citada em Schwartzman, 1978, p. 126). É óbvia a correspondência com a sequência de aproximação-evitação, embora a brincadeira seja mais elaborada e complexa.

Em seu livro *Growing up in Medieval London* (1993), a historiadora Barbara Hanawalt relata que as crianças da Londres medieval envolviam-se em dramatização de papéis tais como reproduzir a celebração de cerimônias religiosas e casamentos.

Com base em entrevistas com ex-escravos, Lester Alston (1992) e David Wiggins (1985) relatam que crianças escravas da época anterior à Guerra Civil nos Estados Unidos envolviam-se em uma diversidade de tipos de jogo de papéis, que novamente incluíam cerimônias religiosas, como batismos, e especialmente "leilões de escravos". Claramente isto ajudava as crianças a lidar com as fortes emoções provocadas pela possibilidade de serem separadas de suas famílias nas comunidades escravas. Cindi Katz, em seu trabalho etnográfico sobre brincadeira e trabalho entre crianças sudanesas de áreas rurais na década de 1980, documentou jogos de papéis elaborados e claramente associados a atividades adultas. Os meninos reproduziam diversas atividades relacionadas com a agricultura e o comércio e os ganhos decorrentes daquelas atividades. Um aspecto central da brincadeira era um trator de brinquedo feito por um dos meninos, com a ajuda de um irmão mais velho, a partir de diversos objetos descartados (sucata). Os meninos fizeram um arado para o trator e reproduziam cooperativamente e trabalhosamente todos os diversos elementos do trabalho agrícola, desde revolver o solo com o arado, plantar e regar a plantação, tirar mato e, finalmente, colher e levar o produto da colheita a um armazém de faz de conta. Também reproduziam o processo de vender a colheita usando dinheiro de mentira. Por fim, usavam os lucros de faz de conta para brincar de loja, onde compravam uma variedade de produtos representados por objetos, como pedaços de metal e vidro e restos de baterias (Katz, 2004).

A brincadeira das meninas também era elaborada. Faziam bonecas de palha, nomeavam as bonecas, que representavam homens e mulheres de todas as idades, e brincavam com as bonecas em casas "que criavam com divisórias feitas de sapatos, pilões, tijolos e pedaços de lata" (Katz, 2004, p. 17). As meninas usavam esses suportes materiais para encenar uma variedade de atividades domésticas como cozinhar, comer, buscar água no poço e fazer visitas. Essas atividades, embora próximas do modelo adulto, eram altamente inovadoras em comparação com os brinquedos de crianças ocidentais pela forma inventiva de uso pelas crianças de uma variedade de materiais naturais ou sucata.

Em suma, há evidências significativas em apoio à proposição de que rotinas de aproximação-evitação e brincadeiras de dramatização de papéis são elementos universais das culturas de pares em crianças. No entanto, são necessários mais estudos sobre a brincadeira de crianças em muitos outros grupos culturais para sustentar inteiramente essa proposição e apreender a diversidade de estilos e de natureza dessas importantes rotinas lúdicas na vida cotidiana das crianças.

Referências bibliográficas

ALSTON, L. Children as chattel. In: WEST, E.; PETRICK, P. (Eds.). *Small worlds*. Lawrence, KS: University Press of Kansas, 1992.

BATESON, G. "This is play". In: BERTRAM SCHAFFNER, M. D. (Ed.). *Group processes:* transactions of the second conference. New York: Joseph Macey, Jr. Foundation, 1956.

CORSARO, W. *We're friends, right?:* Inside kids' culture. Washington, D.C.: Joseph Henry Press, 2003.

_____. *The Sociology of Childhood.* 2. ed. Thousand Oaks, CA: Pine Forge Press, 2005.

GOFFMAN, E. *Frame analysis.* New York: Harper & Row, 1974.

HANAWALT, B. *Growing up in medieval London.* New York: Oxford University Press, 1993.

KATZ, C. *Growing up global.* Minneapolis, MN: University of Minnesota Press, 2004.

MARSHALL, L. *The !Kung of Nyae Nyae.* Cambridge, MA: Harvard University Press, 1976.

PIAGET, J. *Six psychological studies.* New York: Vintage, 1968.

SCHWARTZMAN, H. *Transformations:* the anthropology of children's play. New York: Plenum, 1978.

WIGGINS, D. The play of slave children in the plantation communities of the old South, 1820-60. In: HINER, N.; HAWES, J. (Eds.). *Growing up in America: children in historical perspective.* Urbana, IL: University of Illinois Press, 1985, p. 173-192.

CAPÍTULO 2

Aprofundando reprodução interpretativa e cultura de pares em diálogo com Corsaro

Maria Isabel Pedrosa
Maria de Fátima Santos

Algumas espécies animais adquirem informação não somente de seu meio físico, mas também de seu meio social ou de aspectos do meio físico que foram modificados por coespecíficos. Esse processo é chamado de transmissão cultural ou herança cultural. Na espécie humana não se concebe o processo ontogenético fora de um contexto sociocultural e por isso podemos dizer que existe uma herança dual, ou seja, ela herda de seus antepassados não apenas uma herança biológica, mas também cultural.

Tomasello, em seus trabalhos investigativos (cf. por ex., 1999/2003), delineia uma possível explicação para as origens culturais do conhecimento humano. Seu argumento parte da constatação de que os seres humanos, mais do que outros primatas, *identificam-se* profundamente com seus coespecíficos, e isso significa que "a criança humana entende que as outras pessoas são seres iguais a ela mesma [...] e por isso ela às vezes tenta entender as coisas do ponto de vista delas" (p. 19). No final do primeiro ano de vida a criança começa a se perceber como um agente intencional, ou seja, com estratégias comportamentais e de atenção organizadas em função de metas, e logo verá os outros da mesma maneira. Posteriormente, se perceberá como um agente mental, ou seja, com pensamentos e crenças que podem diferir dos de outras pessoas. Daí em diante, também perceberá os outros como agentes mentais. Segundo o autor, "compreender os outros como agentes intencionais ou mentais, iguais a si mesmo" é uma característica relevante que "provoca muitos efeitos em cascata porque torna possíveis algumas formas novas e particularmente poderosas de herança cultural. [...] torna possíveis (a) processos de sociogênese por meio dos quais vários indivíduos colaboram entre si para criar artefatos e práticas culturais com histórias acumuladas, e (b) processos de aprendizagem cultural e internalização por meio dos quais indivíduos em desenvolvimento aprendem a usar e depois internalizam aspectos dos produtos criados pela colaboração entre coespecíficos" (p. 19-20).

Observar crianças brincando com seus pares tem se revelado uma estratégia de investigação poderosa para descrever suas trocas interpessoais e buscar entender o modo como reproduzem, assimilam, interpretam e produzem cultura. Os trabalhos de Corsaro assumem essa perspectiva e vêm contribuindo significativamente para a reflexão sobre *peer culture*, "conjunto estável de atividades ou rotinas, artefatos, valores e interesses que as crianças produzem e compartilham na interação com seus pares" (Corsaro e Molinari, 1990, p. 214).

Reprodução interpretativa e cultura de pares em crianças são expressões cunhadas por Corsaro em seus trabalhos. O próprio autor explicita que o termo *interpretativa* "captura os aspectos inovadores da participação da criança na sociedade, indicando o fato de que as crianças criam e participam de suas culturas de pares singulares por meio da apropriação de informações do mundo adulto de forma a atender aos seus interesses enquanto crianças". Já o termo *reprodução* "significa que as crianças não apenas internalizam a cultura, mas contribuem ativamente para a produção e mudança cultural. Significa também que as crianças são circunscritas pela reprodução cultural. Isto é, crianças e suas infâncias são afetadas pelas sociedades e culturas das quais são membros" (Corsaro, capítulo 1, neste volume).

TEORIA E PRÁTICA NA PESQUISA COM CRIANÇAS

Propomos no presente texto dialogar com Corsaro sobre *reprodução interpretativa*, de modo a enfatizar o aspecto da criação de *peer culture*, inerente a sua proposição, mas buscando evidências para além da "apropriação de informações do mundo adulto de forma a atender aos seus interesses enquanto crianças". Para atingirem os seus propósitos de brincar, elas selecionam parte do que apreendem, reproduzem interpretativamente por meio de suas ações, mas vão além disso e criam novos procedimentos, regras e informações que alçam de situações particulares. Com esse objetivo discutiremos dois episódios, um dos quais trazido por ele e outro extraído de nosso banco de dados.

Ao referir-se à reprodução, Corsaro destaca a importância e o peso das influências culturais no desenvolvimento da criança. Parece que a reprodução implicaria também "legitimação", "manutenção da ordem cultural" na brincadeira.

O exemplo trabalhado pelo autor no episódio dos "dois maridos" parece explicitar essa reprodução. Rita e Bill constroem uma brincadeira de faz de conta na qual reproduzem os papéis de gênero. Como afirma Duveen (1994, p. 265), "o gênero é uma das dimensões mais fortes e onipresentes do mundo social no qual a criança nasce". Assim, quando a criança reproduz no jogo de faz de conta os papéis de gênero, ela estaria se apropriando das representações sociais de gênero que circulam em seu grupo e, por meio das definições sociais de gênero, construindo a sua identidade. Ao reproduzir elementos da cultura, a criança de certa forma os apreende e os legitima. A criança leva para a situação de brincadeira os modelos de comportamento e significados construídos em outros espaços interacionais.

No episódio dos "dois maridos", entretanto, Corsaro chama a atenção para um obstáculo que se insere na brincadeira. No momento em que Denny decide que não quer mais ser um gato, Bill sugere que ele seja marido, pois eles "precisam de dois maridos". Denny aceita a proposta. Rita, entretanto, não aceita a brincadeira, afirmando que "não posso ter dois maridos, porque tenho uma avó".

Corsaro salienta que o problema vai além dos estereótipos de gênero e que o desconforto de Rita diante de tal proposição refere-se ao fato de que ela sabe que "há alguma coisa errada nessa relação (pelo menos entre os adultos de sua cultura)". De fato, o que está "errado" não parece estar no conteúdo da brincadeira, mas no rompimento de um valor cultural. Na cultura americana, assim como no Brasil, a cada mulher deve corresponder um único marido. O "erro" ao qual Corsaro se refere parece remeter a uma quebra do valor cultural. Rita afirma que não pode ter dois maridos. Na brincadeira de faz de conta ela reproduz e legitima o valor cultural. É possível supor até que, ao explicar que não pode ter dois maridos porque tem uma avó, Rita esteja fazendo referência a alguém que represente as regras e normas da cultura em que vive, mediatizada pela família, nesse caso, a avó.

Por meio da brincadeira, a criança não apenas torna concretas essas significações aprendidas, como ela se apropria transformando-as em ação. Isto torna evidente o caráter experimental da brincadeira que permite às crianças a apropriação e a estruturação de múltiplos significados dos objetos sociais e dos comportamentos considerados "adequados" em sua cultura.

Como apontam Coelho e Pedrosa (1995, p. 54), no espaço da brincadeira, através dos gestos, dos sons, palavras e frases, "as crianças retomam tanto significados já vividos no dia a dia, como constroem significados que têm um sentido no momento mesmo do processo interacional".

Desde o seu nascimento a criança encontra um mundo social objetivado, ou seja, representações, valores, crenças e papéis, concebidos e assumidos pelos membros de seu grupo, explicitam-se nas suas práticas sociais, nas regras e normas que seguem, na organização de seus rituais, na maneira como se expressam, na expectativa do dever acontecer etc. A criança deve se apropriar de tudo isso, assumindo assim o seu lugar nesse mundo. Dito de outra forma, a sociedade que era externa torna-se interna, pelas interações cotidianas (Moscovici, 1984). O sujeito criança ao nascer mergulha nesse mar de representações sociais e a partir dele se constitui como sujeito,

Como afirmam Coelho e Pedrosa (1995, p. 6),

As regras constituem uma espécie de evidência de compartilhamento nas crianças. Esse compartilhamento, entre outras coisas, nos remete a um nível mais amplo de compartilhamento, pois ele decorre da presença de conhecimentos e de valores previamente partilhados pelas crianças, e esses conhecimentos se originam, por exemplo, da observação da natureza, dos costumes, das histórias que são contadas às crianças. Nesse nível, o compartilhamento das crianças revela o meio sociocultural do qual elas participam.

Esse "partilhar" parece não apenas "revelar o meio sociocultural", mas também um modo de a criança se apropriar dele. Na medida em que as crianças, por meio da brincadeira, objetivam nas ações significados derivados de suas experiências com um objeto qualquer, elas confrontam esses significados com outras crianças, e podem acrescentar informações, modificá-las, fazendo emergir, no espaço da brincadeira, novos significados.

A reprodução é o suporte para a criação. A *reprodução interpretativa da cultura* possibilita seu desdobramento, ou seja, o surgimento de uma novidade compartilhada pelo grupo. Esta pode surgir com o uso inusitado de um objeto, o enriquecimento de um empreendimento, a especificação ou a transgressão de uma regra, a sincronia de ações etc. Discutiremos aqui mais um episódio, esse extraído de nosso material de pesquisa para ilustrar esse ponto.

O episódio que apresentaremos a seguir está descrito em Pedrosa (1989) e Carvalho, Império-Hamburger e Pedrosa (1998, p. 165). Ele explicita como ações ritualizadas, o riso das crianças e os movimentos que o acompanham, articulam novas informações no grupo de brinquedo.

Episódio das Risadas

As crianças estão brincando no pátio. Duas meninas (Daniela, 2;1 e Lucineia, 2;4) estão de pé em um balanço de duas cadeirinhas, que é empurrado por Cristiane (1;9). Daniela e Lucineia estão rindo alto e dando gritinhos. Eliane (2;0) se aproxima e começa a empurrar o balanço junto com Cristiane, o que faz com que o movimento fique mais forte. Cristiane e Eliane se afastam, o movimento do balanço se reduz; Daniela e Lucineia param de rir. Um pouco depois Cristiane volta com Rafael (2;9), e os dois começam a empurrar o balanço de novo; o movimento é agora ainda mais forte, possivelmente porque Rafael é uma criança maior. À medida que o balanço sobe mais, Lucineia começa a rir alto, Daniela ri também e balança o corpo ritmicamente. Rafael para de empurrar, o movimento do balanço se torna mais lento, os risos param.

> Rafael dá outro empurrão forte, as risadas explodem de novo. Rafael para de empurrar, os risos param, embora Cristiane continue empurrando. Rafael se afasta por um momento, volta e recomeça a empurrar. Lucineia começa a rir e dar gritinhos, Daniela olha para ela e também começa a rir, dar gritinhos e balançar as pernas.

No episódio descrito, o riso e os gritinhos expressam contentamento e excitação das duas crianças provocados pelo movimento do balanço. Eles ocorrem quando o balanço é impulsionado por Cristiane e Eliane e param de ocorrer quando elas deixam de impulsioná-lo. À medida que a brincadeira continua, Daniela e Lucineia os transformam em uma informação a respeito de sua *seleção compartilhad*a de um aspecto particular da brincadeira: as duas crianças sincronizam suas ações (risos, gritinhos e agitação do corpo) e as ajustam ao movimento mais forte do balanço que provoca uma sensação ainda mais excitante. Quando o movimento para, os risos e agitos cessam; quando o impulso forte é reiniciado, também são reiniciados os risos e agitação do corpo; e se o impulso é fraco, já não provoca mais gritinhos e risos. Daniela e Lucineia criaram, portanto, a possibilidade de comunicar a Rafael e Cristiane as suas expectativas e de regular as ações destas crianças de acordo com suas disposições. O riso opera como um *novo código*, nesse campo particular de interações sociais constituído por essas crianças.

Num campo interacional há uma dinâmica permanente de transformação e construção de significações. Risos, gritinhos e agitação do corpo são comportamentos ritualizados com grande alcance sinalizador. Selecionados na história da espécie, eles informam as disposições comportamentais dos parceiros no campo social de interações. O novo código criado no episódio das risadas, entretanto, foi alçado de ajustamentos de ações, cada vez mais precisos, informando a parte da brincadeira que se queria perdurar. O que se pode depreender é que as expressões de contentamento e excitação de cada criança repercutem no grupo de brinquedo como um convite ao compartilhamento: são sinais conspícuos que chamam a atenção para algo prazeroso ("é bom fazer isso"; "é emocionante sentir isso"; "é interessante experimentar isso"; etc.). Parece ter havido uma coincidência na seleção da parte da brincadeira mais excitante, portanto, a que causava mais entusiasmo. Com certeza, as crianças não planejaram a brincadeira e nem previamente puderam chegar a esse acordo até porque a linguagem verbal ainda era bem incipiente. No desenrolar da brincadeira as crianças foram aproveitando as pistas de que dispunham e tiraram bom proveito das coincidências!

A reprodução interpretativa mantém a nova variante dentro do grupo, proporcionando uma plataforma para as futuras inovações. Os parceiros acumulam modificações e têm histórias porque os processos de aprendizagem cultural que estão na base das modificações são particularmente poderosos. Esse poder, segundo a hipótese de Tomasello (1999/2003), já mencionada anteriormente neste texto, se deve à característica humana "de compreender os outros como agentes intencionais ou mentais, iguais a si mesmo".

Referências bibliográficas

CARVALHO, A. M. A.; IMPÉRIO-HAMBURGER, A.; PEDROSA, M. I. Interaction, regulation and correlation in the context of human development: Conceptual discussion and empirical examples. In: LYRA, M.; VALSINER, J. (Eds.) *Construction of psychological processes in interpersonal communication*. Stanford, CT: Ablex Publishing Corporation, 1998, p. 155-180 (*Child development within culturally structured environments*, v. 4).

COELHO, M. T.; PEDROSA, M. I. Faz-de-conta: construção e compartilhamento de significados. In: OLIVEIRA, Z. M. R. (Org.). *A criança e seu desenvolvimento*: perspectivas para se discutir a educação infantil. São Paulo: Cortez, 1995, p. 51-65.

CORSARO, W.; MOLINARI, L. From *seggiolini* to *discussione*: the generation and extension of peer culture among Italian preschool children. *Qualitative Studies in Education*, v. 4, n. 3, p. 213-30, 1990.

DUVEEN, G. Crianças enquanto atores sociais: as representações sociais em desenvolvimento. In: JOVECHLOVITCH, S.; GUARESCHI, P. (Org.). *Textos em Representação Social*. Petrópolis: Vozes, 1994, p. 261-93.

MOSCOVICI, S. On social representation. In: FARR, R.; MOSCOVICI, S. (Eds.). *Social representation*. Cambridge: Maison des Sciences de l'Homme and Cambridge University Press, 1984.

PEDROSA, M. I. *Interação criança-criança*: um lugar de construção do sujeito. Tese de Doutorado (não publicada). Universidade de São Paulo, São Paulo, 1989, 289 p.

TOMASELLO, M. *Origens culturais da aquisição do conhecimento humano*, São Paulo: Martins Fontes, 1999/2003.

CAPÍTULO 3

Um diálogo com a sociologia da infância a partir da Psicologia do Desenvolvimento

Maria Clotilde Rossetti-Ferreira
Zilma de Moraes Ramos de Oliveira

A sociologia da infância trabalhada por Corsaro trata, dentre outros, de um objeto de estudo pouco habitual à Sociologia, porém muito enfatizado pelos pesquisadores do desenvolvimento infantil, e com grande ressonância entre os educadores em geral, que é *o brincar da criança*. Cada vez mais, perspectivas de diferentes áreas do conhecimento são aplicadas para um melhor entendimento desse fenômeno que, por parecer tão familiar, corre o risco de ser naturalizado, de ter sua importância subestimada, ou sua função no desenvolvimento sociocultural da criança menos investigada.

A brincadeira tem sido uma atividade que evolui com a transformação sócio-histórica das comunidades humanas e continua a se modificar nas condições concretas de vida das populações, em particular da população infantil. Tais condições, ao mesmo tempo em que oferecem à criança recursos diferentes e frequentemente desiguais para seu aperfeiçoamento pessoal, a colocam em situações em que, mesmo em comunidades bastante diversas, podem ser observados alguns processos semelhantes, como é o caso de muitas brincadeiras infantis estudadas por Corsaro.

As brincadeiras tradicionais transmitidas de geração em geração são muito apreciadas pelas crianças e constituem importante herança cultural. Algumas brincadeiras em que as crianças gostavam de participar antigamente continuam presentes ainda hoje: esconde-esconde, cabra-cega, jogos com pião, bola, fantoche, balanço, boneca, marionete etc. Seu caráter repetitivo e previsível possibilita que seus enredos sejam desempenhados com razoável precisão por pessoas de diferentes idades. São jogos que utilizam um apoio material para sua realização, algum tipo de brinquedo. Um olhar investigativo sobre a história cultural do brinquedo, no entanto, aponta que ele tem sido muito mais *uma criação para a criança* do que *uma criação da criança.*

Pouca atenção tem sido dada à cultura lúdica construída pelas crianças ao brincar com companheiros. Esse aspecto é central na colocação de William Corsaro, para quem o foco de estudos sobre a criança deve ser posto em suas atividades coletivas, onde ela participa junto com outros pares de idade na produção de rotinas culturais em contextos sócio-histórico-culturais concretos. Tais rotinas são ações cotidianamente repetidas e coletivamente produzidas pelos membros de um grupo infantil. Elas asseguram a seus integrantes não só um conhecimento comum, mas a segurança de pertencer a um grupo e partilhar da identidade que o mesmo confere a seus membros e de negociar sua própria identidade dentro do grupo. São rotinas desejadas pelas crianças pelo prazer de poder realizar coisas junto com companheiros.

Ao defender esses pontos, Corsaro coloca-se em posição de crítica à visão de socialização das crianças pelos adultos que aparece na tradição sociológica e antropológica. Mesmo na psicologia, prevalece a visão que trata a infância apenas como estágio de formação do futuro adulto e investiga-se mais a adaptação da criança ao existente do que a transformação dessa realidade.

Corsaro considera que o conjunto relativamente estável de rotinas, artefatos, valores e interesses que as crianças produzem e partilham na interação com pares constitui o que chama de uma "cultura de pares", que ele estuda de um ponto de vista sociológico, sem o compromisso de analisar o processo de desenvolvimento individual de seus membros. (Corsaro e Johannesen, 2007).

Nosso esforço aqui será estabelecer um diálogo com ele a partir de nossas pesquisas em Psicologia do Desenvolvimento. Entendemos esse desenvolvimento como um processo de construção social que se dá nas e por meio das interações que cada pessoa, desde o seu nascimento, estabelece com outras pessoas, em ambientes culturalmente organizados (Rossetti-Ferreira, 2006).

Em se tratando do desenvolvimento infantil, nos diferentes contextos cotidianos organizados conforme as concepções sobre desenvolvimento e educação próprios daquela cultura ou grupo social, as crianças se apropriam de diferentes competências sociais, dependendo da forma como interagem com outras pessoas e com os objetos e situações existentes nesses contextos. Conforme realiza com outras pessoas uma atividade de cuidado pessoal, de conversa, de exploração do meio, por exemplo, e especialmente nos momentos de brincadeiras com companheiros, a criança aprende a usar determinadas estratégias para memorizar, expressar-se, imaginar, solucionar problemas etc., que foram criadas em sua cultura e transmitidas pelos adultos e crianças com quem convive. Além disso, seus parceiros, em suas relações com ela, criam situações que lhe possibilitam aprender normas de agir e de se relacionar com outras pessoas.

Se formos tomar a brincadeira, ou o jogo infantil, como um contexto de aprendizagem e desenvolvimento, teremos que considerar que ela não existe apenas para a espécie humana. Vários mamíferos, sobretudo filhotes, ocupam-se em simular perseguições e fazer explorações do meio, desligadas de objetivos de sobrevivência, mas voltadas para o prazer da atividade e para o aprendizado de determinados comportamentos sociais, como o de caça, por exemplo. Como Bruner (1972) afirma em seu clássico artigo sobre "a natureza e os usos da imaturidade", esse jogo vai aparecer particularmente em situações nas quais os filhotes estão protegidos e têm sua sobrevivência garantida. Contudo, o jogo humano difere de modo significativo do jogo animal, por requerer a capacidade de se comunicar por meio de diferentes linguagens, para tomar certas decisões e criar o novo.

Da perspectiva da Psicologia do Desenvolvimento, jogos partilhados podem ser observados mesmo em bebês, quando observam e imitam os movimentos dos parceiros mais experientes por meio de gestos corporais e vocais (Wallon, 1986), e também quando interagem com parceiros da mesma idade (Amorim, Anjos e Rossetti-Ferreira, 2007; Anjos et al., 2004; Franchi e Vasconcelos, et al., 2003). Trata-se de uma atividade comunicativa com características que poderíamos chamar de lúdicas, pois são voltadas a garantir prazer ao bebê e a seu parceiro.

Desde cedo, os bebês apreciam brincar de esconde-esconde com suas mães, ou com as pessoas que cuidam delas e com quem estabelecem um vínculo afetivo. Esta atividade interativa lhes possibilita assumir diferentes papéis ou posições no jogo, daquele que acha o outro ou que é achado, daquele que recebe ou dá o objeto a outro, fornecendo assim o que Bruner (1972) denomina de estrutura de andaime (*scaffolding*) que, em nossa opinião, apoia não só as ações da criança, mas de alguma forma o comportamento do próprio parceiro adulto. Tal estrutura vai introduzindo as crianças no mundo complexo da linguagem, onde se fala de diferentes lugares para interlocutores diversos, com frequente alternância de papéis.

Esse modo de brincar vai circunscrever a brincadeira da criança pequena com outras crianças e transformá-la, dado que o vínculo afetivo criado entre os parceiros oferece às crianças segurança para elas explorarem novas formas de conhecer o mundo, de construir identidades, de lidar com sua autonomia, de enriquecer sua capacidade de lidar com símbolos e com a emergente linguagem. Assim, os modos de brincar com o outro se transformam conforme o parceiro e a situação, modificando-se com a idade e a experiência de vida.

O brincar de faz de conta, em especial, além de ser uma atividade essencialmente humana, é recurso privilegiado de desenvolvimento na infância e mediador básico na formação da consciência pela criança (Vigotski, 1984). Ele é marcado por um diálogo que a criança estabelece com seus parceiros, inclusive com objetos ou com parceiros não humanos, como animais de estimação, por exemplo, e mesmo com bonecos. Essa brincadeira, também chamada de jogo simbólico, ou jogo dramático ou sociodramático, constitui um contexto onde os participantes produzem um tipo de comunicação rica em matizes, que lhes possibilita pôr à prova seus conhecimentos no uso interativo de objetos e conversações. Na linguagem criada no jogo simbólico, dentro de uma atmosfera "como se fosse assim ou assado", a criança recombina elementos perceptuais, cognitivos e emocionais, cria novos papéis para si e reorganiza cenas ambientais, criando espaço para a fantasia.

Em nossos trabalhos (Oliveira e Rossetti-Ferreira, 1996), temos apontado que a comunicação interpessoal que caracteriza o faz de conta partilhado requer uma constante negociação de regras e a transformação dos papéis assumidos pelos participantes, fazendo com que o desenrolar do enredo construído pelas interações de crianças seja sempre imprevisível. Com isso, a brincadeira cria espaço para a novidade, mas uma novidade criada pela interação das crianças, aspecto que também é enfatizado por Corsaro. Por meio do brincar de faz-de-conta, as crianças buscam superar contradições, motivadas pela possibilidade de lidar com o acaso, com a regra e a ficção, e pelo desejo de expressar uma visão própria do real, embora por ele matizada (Oliveira e Valsiner, 1997; Oliveira, 1998).

Corsaro concorda que os jogos infantis são cenários em que as crianças desenvolvem importantes habilidades cognitivas, aprendem alguns valores de sua comunidade, praticam pequenos detalhes da vida cotidiana, apreendem os matizes emocionais do caráter das personagens, são capturadas por representações sociais sobre determinados eventos etc. Interessantemente, ele acrescenta que tais jogos também são espaços de poder que as crianças ocupam para exercer o controle não só sobre si mesmas, mas para se diferenciar e confrontar os adultos e a cultura do mundo adulto.

Três tipos de situações são analisados por Corsaro como elementos universais das culturas infantis que ele investigou em diferentes países: a partilha de rituais, como no caso dos jogos de aproximação e fuga, cuja estrutura se repete em diferentes culturas; o desempenho de ações coletivas de resistência às regras e normas do mundo adulto; e a criação partilhada de enredos de fantasia nas situações improvisadas nos jogos dramáticos.

Em relação à partilha de rituais, gostaríamos de fazer alguns apontamentos que, do ponto de vista da Psicologia do Desenvolvimento, vão na direção apontada por Corsaro ao analisar as brincadeiras de aproximação e fuga em que as crianças se envolvem, e que, lembremos, são observadas também em outras espécies animais.

Wallon, interessado em fazer uma Psicologia que considerasse a sociabilidade como elemento constituinte básico do humano, já havia chamado a atenção sobre o papel dos ritos na formação da consciência, da mente, ao longo da evolução das sociedades humanas (Wallon, 1942). O estudo de Blurton-Jones (1972) sobre brincadeira turbulenta, que ele denominou *rough-and-tumble*, é um clássico na psicologia de base etológica e aponta o valor de sociabilidade desse ritual. Dentre nós, o estudo de Maria Isabel Pedrosa (1989), que analisou interações de crianças de dois anos em uma creche pública na periferia de São Paulo, apontou o prazer das crianças já tão pequenas em criar ritualizações em suas brincadeiras, as quais possibilitam que os parceiros reciprocamente regulem seus comportamentos.

Os comportamentos de oposição aos adultos, elaborados pelas crianças e parte de sua cultura de pares, apresentam-se em geral como formas de brincadeira, como partes de uma atividade submetida a regras próprias, e não às regras predefinidas pelos adultos que regem cada situação, como afirma Corsaro. Nesse ponto, a ideia de oposição eu-outro, tratada magistralmente na Psicologia do Desenvolvimento por Henri Wallon (Wallon, 1986), pode ser trazida para ampliar esse debate, que remete não apenas à formação de uma identidade coletiva, mas de uma referência para a construção de um sentido de si.

Do mesmo Wallon podemos retomar a posição em que diferencia a Psicologia do Desenvolvimento da psicologia da criança (Wallon, 1975). Nesse último caso, o que importa é apreender as condições atuais de manifestação da criança, seus parceiros, seus meios de desenvolvimento, e analisar esses elementos de uma forma dialética, compreendendo as formas de eles se modificarem.

Em seu conceito de reprodução interpretativa, Corsaro aponta a dupla face da cultura da infância: sua aderência à cultura do grupo social em que as crianças vivem e seu caráter inovador, conforme elas introduzem e exploram novos significados e formas de agir.

A criança assume em suas brincadeiras e condutas os papéis/posições daqueles com quem interage em seu grupo social, aprendendo e reproduzindo condutas, linguagens, rotinas, hábitos, costumes e valores próprios dessa cultura. Essa imersão na cultura e no grupo social favorece sua inserção no grupo de crianças que a acolhe e a reconhece como pertencendo a ele. Ao mesmo tempo, tal imersão possibilita a transformação cultural da brincadeira pela ação criativa da criança ao responder ao aqui-e-agora das situações criadas com seus parceiros. Com isso, em sua vertente interpretativa, a brincadeira de faz de conta ultrapassa a função de socialização que é atribuída à brincadeira infantil, apresentando um caráter inovador na própria cultura do grupo de crianças, além de permitir uma apropriação e elaboração de diferentes significados por elas.

Nesse ponto parece haver uma aproximação entre as perspectivas sociológica e a psicológica sobre o brincar infantil, se tomarmos a vertente sociocultural do desenvolvimento humano elaborada a partir dos trabalhos de Vigotski (1984), Wallon (1986), e Bakhtin (1988). Aliás, o embate entre a constância e a transformação é recorrente na Psicologia do Desenvolvimento, sendo inclusive tratado por Piaget, quando compara a imitação e o jogo da criança, apontando na primeira uma predominância da acomodação de esquemas já conhecidos, enquanto no jogo há predominância da transformação por meio da assimilação do novo, que leva a uma nova reorganização dos esquemas (Piaget, 1968).

Nos interessantes exemplos de Corsaro, desafiadas pelas situações novas ou incongruentes construídas nas brincadeiras, as crianças exploram encaminhamentos inovadores, que muitas vezes têm de ser disputados e negociados com diferentes parceiros, e que passam a fazer parte da cultura daquele grupo infantil. Também em nossas pesquisas temos considerado que a brincadeira de faz de conta, dado seu caráter simbólico, assume uma função de espelhamento e desdobramento daquilo que é percebido e vivenciado pelas crianças, mas igualmente uma função de renovação da rede de significados por elas construídos. Ao mesmo tempo em que torna as crianças cativas de sua própria memória, o faz de conta as liberta dela, permitindo-lhes apropriar-se, elaborar e transformar afetiva e intelectualmente o que vivenciaram no confronto com os parceiros. No contexto da brincadeira, sobretudo com outras crianças, vivências por vezes difíceis de elas compreenderem e superarem são reapresentadas e exploradas de diferentes maneiras, adquirindo novos sentidos para as crianças.

Embora essa perspectiva de olhar a brincadeira infantil como espaço de ressignificação seja muito explorada na ludoterapia de diferentes orientações teóricas, ela pode orientar a observação de brincadeiras cotidianas de crianças em suas casas, em creches e em outros espaços, como os hospitais ou abrigos (Sólon, 2006), no caso de crianças que estiveram hospitalizadas ou institucionalizadas. Nelas as crianças desempenham o papel de um papai, ou mamãe, bravos, ou que brigam entre si; os papéis de polícia e de ladrão em perseguição pelas ruas; de criança que passa por uma cirurgia das amídalas; ou de mamãe que vai à maternidade ter um nenê, e muitos outros. Como nos aponta Corsaro, a análise dessas situações pode sair de uma perspectiva intraindividualista e ampliar-se pela consideração do grupo social do qual a criança faz parte, as relações entre seus membros e a matriz ideológica historicamente construída que constitui seus integrantes como pessoas envolvidas em um drama cultural em movimento e que é ressignificado pelas crianças.

Um ponto que nos parece importante é discutir as condições que geram o brincar. Colocando-nos na posição de quem não o vê como um comportamento espontâneo, nosso olhar se volta para a mediação da cultura e do ambiente imediato na brincadeira infantil.

Em nossos estudos com crianças de dois a cinco anos em creches atendendo filhos de famílias de baixa renda (Oliveira, 1988), observamos interessantes episódios de brincadeira mesmo em contextos bastante pobres e desprovidos de material lúdico, mas com frequentes oportunidades para interagir mais com os colegas do que com a educadora. As crianças transformavam as sucatas em material lúdico que possibilitava suas brincadeiras. No entanto, um conjunto de estudos realizados por pesquisadores ligados ao Cindedi, com grupos de crianças de 1-2 anos, 2-3 anos e 3-4 anos em creches (Bomfim e Campos-de-Carvalho, 2006; Bomfim e Campos-de-Carvalho, 2002; Campos-de-Carvalho, Bomfim e

Souza, 2004; Meneghini e Campos-de-Carvalho, 2003) demonstrou claramente que as crianças buscam mais o adulto e brincam menos entre si quando em ambientes desestruturados, que evidenciam a ausência de uma proposta pedagógica que oriente a organização dos espaços e dos tempos infantis.

Os profissionais de creches e pré-escolas necessitam concretizar no cotidiano dessas instituições uma proposta pedagógica que considere as interações que as crianças estabelecem como aspectos fundamentais da vida infantil. Ciente disto, o professor pode estruturar um ambiente propício àquelas interações, respeitando o jogo das crianças e garantindo-lhes o direito à infância. Isso fica evidente nas observações de Corsaro em pré-escolas italianas em Módena e Bolonha, que revelam um trabalho pedagógico diferenciado voltado para a promoção da autonomia e da interação das crianças.

Se o trabalho de Corsaro pode possibilitar uma série de diálogos entre a face intra e interpsicológica das interações das crianças, ele também pode contribuir para aperfeiçoar o olhar do pesquisador da infância sobre certas questões. Além do estudo do contexto familiar e das experiências vividas pelas crianças, a análise do brincar da criança em instituições educacionais tipo creche ou pré-escola, contextos de desenvolvimento que estamos preocupadas em compreender e aperfeiçoar, necessita acompanhar a constituição da brincadeira no grupo de crianças, entender as lideranças que nela se formam e se alternam, os modelos de ação que são mais imitados pelas crianças, as formas de elas negociarem significados, conciliarem posições e tomarem decisões nos enredos ficcionais que criam e também nas situações reais que vivenciam.

Assim como o foco é pensar as interações e as brincadeiras das crianças como sendo produções e ao mesmo tempo produtos das culturas dos grupos infantis, também o pesquisador e o professor necessitam se ver como um elemento sendo significado pelas crianças, o que vai depender de sua representação das crianças e de seu papel junto a elas.

O que também chama atenção nos trabalhos de Corsaro é como ele se posiciona no grupo de crianças colocando-se como parceiro interessado em participar e divertir-se com a brincadeira delas. Um parceiro que pode aprender com elas, e a quem elas podem ensinar a língua que ele ainda não domina bem, dentre outros ensinamentos apontados pelos parceiros infantis, interessados que estão em construir novas realidades, se os adultos souberem compreender e apoiar seus projetos.

Referências bibliográficas

ANJOS, A. M. et al. Interações de bebês em creche. *Estudos de psicologia*, Campinas, v. 9, n. 3, p. 513-522, 2004.

BAKTHIN, M. *Marxismo e filosofia da linguagem*. São Paulo: Hucitec, 1988.

BEBÊ interage com bebê? Coordenação geral: Rossetti-Ferreira, M. C. Ribeirão Preto: Pseudo, 2007. 1 Vídeo/DVD.

BLURTON-JONES, M. G. (Ed.). *Ethological studies of child behaviour*. London: Cambridge University Press, 1972.

BOMFIM, J. A. O.; CAMPOS-DE-CARVALHO, M. Intercâmbios sociais em niños de 1-2 años y arreglos espaciales em guarderias brasileñas. *Medio Ambiente y Comportamiento Humano*, v. 7, n. 1, p. 67-88, 2006.

_____. Arranjos espaciais e ocupação do espaço por crianças de 1-2 e 3-4 anos em creches. Artigos do V Seminário de Pesquisa (Tomo II) do Programa de Pós-Graduação em Psicologia da Faculdade de Filosofia, Ciências e Letras de Ribeirão Preto-USP, p. 139-48, 2002.

BRUNER, J. The nature and uses of immaturity. *American Psychologist*, 27, p. 687-708, 1972.

_____. *Child's talk*. New York: Norton, 1983.

CAMPOS-DE-CARVALHO, M. I.; RUBIANO, M. R. B. Organização do espaço em instituições pré-escolares. In: OLIVEIRA, Z. M. R. (Org.). *Educação infantil: muitos olhares*. São Paulo: Cortez, 1994, p. 107-130.

CAMPOS-DE-CARVALHO, M. I., BOMFIM, J. A.; SOUZA, T. N. Organização de ambientes infantis coletivos como contexto de desenvolvimento. In: ROSSETTI-FERREIRA et al. (Orgs.). *Rede de significações*: Uma nova perspectiva teórico-metodológica. Porto Alegre: ArtMed, 2004, p. 157-170.

CORSARO, W. A.; JOHANNESEN, B. O. The creation of new cultures in peer interaction. In: VALSINER, J.; ROSA, A. (Eds.). *The Cambridge handbook of sociocultural psychology*. Cambridge: Cambridge University Press, 2007, p. 444-59.

FRANCHI E VASCONCELOS, C. R. et al. A incompletude como virtude: interação de bebês na creche. *Psicologia: Reflexão e Crítica*, Porto Alegre, v. 16, n. 2, p. 293-301, 2003.

MENEGHINI, R.; CAMPOS-DE-CARVALHO, M. I. Arranjo espacial na creche: Espaços para interagir, brincar isoladamente, dirigir-se socialmente e observar o outro. *Psicologia: Reflexão e Crítica*, Porto Alegre, v. 16, v. 2, p. 367-78, 2003.

OLIVEIRA, Z. M. R. *Jogos de papéis*: uma perspectiva para análise do desenvolvimento humano. Tese de Doutorado. Instituto de Psicologia, USP, São Paulo, 1988.

_____. Peer interactions and the appropriation of gender representations by young children. In: LYRA, M. C.; VALSINER, J. (Eds.). *Construction of psychological processes in interpersonal communication*. Stanford, Connecticut: Ablex, 1998, p. 103-115.

_____; ROSSETTI-FERREIRA, M. C. Understanding the co-constructive nature of human development: role coordination in early peer interaction. In: VALSINER, J.; VOSS, H. (Eds.). *The structure of learning processes*. Norwood: Ablex, 1996, p. 177-204.

_____; VALSINER, J. Play and imagination: the psychological construction of novelty. In: FOGEL, A.; LYRA, M. C. P.; VALSINER, J. (Eds.). *Dynamics and indeterminism in developmental and social processes*. Mahwah: Lawrence Earlbaum, 1997, p. 119-34.

PEDROSA, M. I. P. *Interação criança-criança*: um lugar de construção do sujeito. Tese de Doutorado. Instituto de Psicologia, Universidade de São Paulo, São Paulo, 1989.

PIAGET, J. *La formation du symbole chez l'enfant*. Paris, Delachaux et Niestlé, 1968.

ROSSETTI-FERREIRA, M. C. Olhando a pessoa e seus outros, de perto e de longe, no antes, aqui e depois. In: COLINVAUX, D.; LEITE, L. B.; DELL'AGLIO, D. D. (Orgs.). *Psicologia do desenvolvimento*: reflexões e práticas atuais. São Paulo: Casa do Psicólogo, 2006, p. 19-59.

SÓLON, L. *A perspectiva da criança sobre seu processo de adoção*. Dissertação (Mestrado). Faculdade de Filosofia, Ciências e Letras de Ribeirão Preto, Universidade de São Paulo, São Paulo, 2006.

VYGOTSKY, L. S. *A formação social da mente*. São Paulo: Martins Fontes, 1984.

WALLON, H. *De l'acte à la pensée*. Paris: Flammarion, 1942.

_____. *Objectivos e métodos da psicologia*. Lisboa, Editorial Estampa, 1975.

_____. O papel do outro na consciência do eu. In: WEREBE, M. J. G.; NADEL-BRULFERT, J. (Orgs.). *Henri Wallon*. São Paulo: Ática, 1986, p. 158-164.

CAPÍTULO 4

Diálogo interdisciplinar: tensões e convergências

Tânia Mara Sperb

Corsaro (1992) utiliza o termo reprodução interpretativa para caracterizar a produção do que chama de cultura de pares. O termo utilizado pelo autor indica sua adesão aos princípios epistemológicos da ciência interpretativa, cujo expoente é o antropólogo C. Geertz. Caracteriza-se como interpretativa porque é um processo de apropriação criativa que a criança pequena efetua do mundo adulto de forma a atender aos seus interesses próprios enquanto grupo de pares. E é reprodução no sentido de que as crianças não apenas internalizam a sociedade e a cultura, mas contribuem ativamente para a produção e a mudança cultural. Neste sentido, ele opõe o conceito de reprodução ao de linearidade no que concerne ao desenvolvimento. A ênfase na reprodução também implica que as crianças são, pela sua participação efetiva na sociedade, constrangidas pela estrutura social existente e pela reprodução social.

Este enfoque introduz alguns conceitos que embasam a forma como as atividades de grupo das crianças pequenas são teorizadas. O primeiro deles é o conceito de cultura de pares que, na definição de Corsaro (1992), seria um conjunto estável de atividades ou rotinas, artefatos, valores e interesses que as crianças produzem e compartilham na interação com seus pares. A indicação de que as atividades conjuntas das crianças constituem uma cultura sinaliza o caráter autônomo e irredutível deste tipo de grupo social. O segundo é o conceito de rotina cultural, considerada pelo autor (1992, p. 175) como "uma atividade recorrente e previsível, através da qual a cultura é gerada, adquirida, mantida e refinada. Apesar de as rotinas terem componentes cognitivos, afetivos e comportamentais, o fato de elas serem públicas e coletivas é crucial". Dentre essas rotinas, as brincadeiras ocupam lugar de destaque. Nas rotinas, são as atividades das crianças, especialmente as que envolvem o uso da linguagem e as habilidades interpretativas, que recebem a atenção do autor. Segundo ele, esta posição o distancia da Psicologia do Desenvolvimento, que, por exemplo, investiga os efeitos contrastantes de "alinhamentos interpessoais de tipo adulto-criança ou de parceiros no desenvolvimento individual. Diz que "este trabalho (da Psicologia do Desenvolvimento), no entanto, não considera seriamente como as relações interpessoais refletem os sistemas culturais, ou como as crianças, pela sua participação em eventos comunicativos, tornam-se parte destas relações interpessoais e padrões culturais, e os reproduzem culturalmente" (Corsaro, 1992, p. 161). Corsaro refere-se aí à investigação dos mecanismos que explicam a ontogênese das funções cognitivas, afetivas e sociais, tendo como unidade de análise o indivíduo em sua evolução para um ponto final de seu desenvolvimento. Assim fazem, por exemplo, as teorias de Jean Piaget, Henri Wallon e Lev Vigotski na área cognitiva e Donald Winnicott na área afetiva. Quando se relaciona ao estudo do brincar infantil, estas teorias são classificadas como teorias dinâmicas (Saracho e Spodek, 1998), uma vez que conectam o brincar ao desenvolvimento cognitivo e, no caso de Winnicott, ao desenvolvimento afetivo: há uma evolução que vai dos fenômenos transicionais para o brincar, do brincar para o brincar compartilhado e deste para as experiências culturais (Winnicott, 1975). Estas teorias, ao explicarem o desenvolvimento da cognição e do afeto, já consideravam, de formas diferentes, as relações e contradições entre o indivíduo e o mundo, mas especialmente as contradições internas de um mesmo sujeito, bem como as ações de um mesmo indivíduo sobre o mundo, sobre o outro e sobre si mesmo (Vasconcellos, 2006). O impressionante corpo de conhecimentos produzido por essas teorias possibilitou a emergência de novas ideias de infância, em que uma criança ativa, imersa nas interações sociais está, no entanto, circunscrita por elementos pessoais, sociais, e culturais que são pontuais (Rossetti-Ferreira, 2004).

As brincadeiras como rotinas culturais

As brincadeiras são conceitualizadas por Corsaro como rotinas. O autor utiliza três conceitos para explicar as rotinas culturais: a noção de enquadre (Goffman, 1981, apud Corsaro, 1992), a de contextualização (Gumperz, 1982, apud Corsaro, 1992) e o que ele denomina embelezamento (Corsaro e Heise, 1990). O enquadre refere-se à identificação dos elementos que são relevantes para a cena interativa. Por exemplo, determinados objetos que estão à disposição disparam um tipo específico de jogo de papéis. Aqui Corsaro sinaliza que os objetos que estão dispostos no ambiente da criança, como, por exemplo, materiais para cozinhar, ativam diferentes enquadres de rotinas familiares em uma cultura específica. Portanto, a motivação intrínseca da criança para brincar e o simbolismo não são suficientes para entender esta atividade; há que considerar contribuições extraindividuais que atuam como forças integradoras na expressão individual das crianças (Göncü Jain e Tuermer, 2006).

Já a contextualização envolve combinações de indícios verbais e não verbais que sinalizam a natureza do evento que está em curso e dá ensejo a que a rotina seja transformada. Corsaro alinha-se aqui às teorias mais recentes sobre a atividade de brincar que enfatizam a criação do significado como um processo ativo e situado e a comunicação, tanto verbal como não verbal, que fornece pistas contextuais. Bateson (1972), Schwartzman (1978) e Giffin (1984), por exemplo, trabalharam com o conceito de metacomunicação para estudar a brincadeira de faz de conta coletiva. Metacomunicação seria a comunicação sobre a comunicação e no faz de conta mensagens metacomunicativas são responsáveis por delimitar o enquadre ("é brincadeira") dentro do qual a atividade se realiza, ou seja, estabelecem o contexto para o desenvolvimento do texto imaginativo (Mello, Fachel e Sperb, 1997). No trabalho de Mello, Fachel e Sperb (1997), as categorias metacomunicativas utilizadas variaram conforme o gênero, o número de crianças que interagiam e o tipo de objeto de brincar (brinquedos ou sucata). O trabalho mostra que a brincadeira de faz de conta coletiva é uma atividade absolutamente interativa e que pertence não a um só indivíduo, mas a um espaço construído por ele e compartilhado com alguém mais. Trata-se de um espaço de interação que é criado na interface das interações das crianças e desaparece quando o esforço para mantê-lo não é continuado.

Dentre as transformações das rotinas que Corsaro menciona, o embelezamento se constitui na mais comum. É, essencialmente, a intensificação de subrotinas que fazem parte da brincadeira e são, na maior parte das vezes, coletivas. As crianças, por meio de uma série de atos cooperativamente orquestrados, prolongam ou chamam a atenção para certos aspectos das rotinas que estão produzindo, por intermédio da repetição e do exagero de algumas sub-rotinas que interessa a elas que se sobressaiam. Neste sentido, estas transformações têm a finalidade de manter a brincadeira. Em seu texto, Corsaro exemplifica estas transformações em dois tipos de brincadeiras: aproximação-evitação e dramatização de papéis.

No que concerne aos jogos de papéis, Corsaro (capítulo 1, neste volume) observa que a criança faz experiências sobre como diferentes tipos de pessoas da sociedade agem e se relacionam entre si. Um aspecto de grande importância para as crianças é o gênero e as expectativas sobre comportamento de meninos e meninas e a forma como papéis são socialmente estereotipados por gênero. Um exemplo de dramatização de papéis, em nossa cultura, em que aparece o estereótipo de gênero e o desafio que é feito a este estereótipo, por meio da reconstrução do papel feita na interação com os pares, pode ser observado no trabalho de De Conti e Sperb (2001). Meninos entre cinco e seis anos brincam no pátio da escola de polícia e ladrão, variante da rotina mocinho e bandido, presente na cultura de várias partes do mundo. Polícia e ladrão é uma brincadeira típica de meninos em nossa cultura. Uma menina tenta ingressar na brincadeira, ocupando um papel masculino: "Eu tô brincando, tá K.?"; seus pares, todos masculinos, reagem: "Ela era ladrona?". A menina reage e diz: "Eu era polícia". K, o menino, responde negativamente "Ela era ladrona". Os outros meninos reafirmam: "Ela era ladrona, sim". A menina tenta ocupar um papel masculino numa brincadeira masculina. Seus pares de negociação, todos masculinos, reestabelecem as regras, ou seja, estipulam uma personagem feminino para a menina, que concorda prontamente. Há uma intensificação da subrotina "ela era ladrona". Na brincadeira, as crianças transitam entre os universos de brincadeiras estereotipadas como femininas e masculinas, mas as personagens obedecem às regras de gênero. As crianças podem brincar em cenários estabelecidos pela sua cultura como típicos do outro gênero, mas representando personagens que seguem o estereótipo de seu gênero. Observe-se que aqui, como no exemplo da brincadeira dos Dois Maridos, relatada por Corsaro no capítulo 1, as crianças reorganizam seus espaços de brincar, criando novos cenários para suas brincadeiras, inventando novas funções para as personagens cujos comportamentos são aceitáveis pelo grupo a que as crianças pertencem. É interessante observar que neste episódio a menina interpreta a cultura do mundo adulto mais do que a reproduz.

Os exemplos acima demonstram que a dramatização de papéis é importante para que as crianças entendam e pratiquem os papéis sociais de sua cultura e, assim, façam sentido dos significados que nela estão presentes. Uma extensa literatura tem mostrado também que o brinquedo em geral, incluindo aí a brincadeira de faz de conta, é diferente nas diversas culturas, variando em quantidade, por exemplo, da encenação do faz de conta coletivo (Gaskins, Haight e Lancy, 2006). Isto parece depender dos valores e crenças que estas culturas têm sobre a atividade de brincar (Göncü, Jain e Tuermer, 2006). No entanto, em maior ou menor quantidade, o jogo dramático está sempre presente. O que faz o faz de conta de todos os tipos tão importante para a criança é que nele a imaginação se revela.

Ampliando a compreensão das brincadeiras

Não se pode falar em brincadeiras ficcionais sem fazer menção à imaginação. Apesar de a criatividade ser considerada por Corsaro quando diz que a criança faz uma apropriação criativa do mundo adulto e não só o reproduz, mas também o produz, a menção à imaginação como função importante para a criação de algo novo está ausente de seu texto. É aqui que um olhar interdisciplinar entre a Psicologia do Desenvolvimento, a sociologia e a antropologia deve ser utilizado para melhor apreender o papel do brincar na vida da criança. E a função da imaginação, presente nas várias teorias do desenvolvimento, pode explicar algumas facetas desta atividade.

Uma dessas teorias é a de Vigotski (1996). Ele considera que "toda a atividade humana que não se limite a reproduzir fatos ou impressões vividas, mas que crie novas imagens, novas ações, pertence a esta segunda função (do cérebro) criadora ou combinatória" (p. 7). Imaginação ou fantasia é o nome dado pela psicologia a esta atividade criadora, que faz do homem um ser projetado para o futuro, criando e modificando o presente. Para Vigotski (1996), a imaginação, como base de toda atividade criadora, se manifesta igualmente em todos os aspectos da vida cultural e nas relações sociais, possibilitando a arte, a ciência e a técnica, que, para ele, são sempre resultantes de atividades coletivas e práticas socialmente partilhadas. E manifesta-se, portanto, também nas brincadeiras dramáticas.

Para Vigotski (1996), a imaginação não surge do nada, mas sim de elementos da experiência anterior. Não há separação entre realidade e fantasia. Quanto mais rica for a experiência, maior será o material de que dispõe a imaginação. Daí a importância de oportunizar que as crianças brinquem, quer seja interagindo com adultos, quer com crianças e objetos. Mas a imaginação serve também para ampliar a experiência do homem, pois ao permitir imaginar o que já viu por meio de relatos e descrições que estão longe do que experimentou pessoalmente, não fica refém de sua experiência. Assim, a imaginação também apoia a experiência. Narrar permite que a criança utilize a imaginação para configurar de diversas maneiras os elementos de sua experiência, seja ao contar histórias vividas como ao criar suas ficções ou recontar histórias que já conhece (Smith e Sperb, no prelo). Há também uma vinculação da imaginação à realidade por meio das emoções, isto é, os sentimentos e as emoções expressam-se em fantasias e imagens e, por sua parte, a imaginação também influi nos sentimentos. Isto porque todas as formas de representação criadora encerram em si elementos afetivos. Então, tudo o que a fantasia produz influi

TEORIA E PRÁTICA NA PESQUISA COM CRIANÇAS

nos sentimentos, e mesmo que não esteja de acordo com a realidade, são vivenciados como reais. Corsaro (1992), com relação à rotina aproximação--evitação, observa que as crianças liberam tensões e são capazes de controlar a ameaça, com a repetição desta rotina. Parece ser dada à brincadeira uma função catártica. Mas crianças fazem mais do que isso nos jogos dramáticos; elas não só liberam tensões, elas modificam as rotinas, inventam outras, e assim, criam novas versões para suas histórias individuais, ou novos textos, que ajudam a lidar com suas emoções. E, finalmente, a imaginação pode erigir algo substancialmente novo com relação à realidade, algo não existente na experiência nem semelhante a nenhum objeto real, mas que, ao existir, influi nos demais objetos. Vigotski se refere aí à invenção, quer seja ela a criação de algo material ou ficcional.

Um exemplo de brincadeira dramática narrada, ocorrido em uma escola infantil, mostra como as crianças utilizam suas experiências para criar situações imaginárias, e conversando sobre elas com seus pares, tentar compreender e resolver o que ocorre na relação com os adultos. Logo após o xingamento exagerado que uma professora de uma escola infantil fez a uma aluna, a mais retraída da turma, por ter escrito algo num dos cartazes que a professora fazia para o Dia das Mães, LE e G., dois meninos, protagonizam a seguinte cena que envolve objetos e diálogos:

Os dois meninos estão construindo uma cidade e falam, depois da situação acima: LE: *"Eu não vou mais brincar contigo, tu não brinca mais comigo!"*. G: *"Eu não quero ficar nessa aula!"* (desconsidera o que o colega falou). *"Eu não quero ficar nessa aula, vou para uma faculdade"* (levanta e sai dali, depois volta e pergunta): *"A faculdade é aqui, né?* (mostra uma casa na cena que criaram e a colega diz): LE: *"É. Parabéns, tu é aluno"*. G: *"Eu só vim aqui pra pegar o cartão da faculdade"*. A brincadeira da faculdade continua: LE: *"Eu vou pra faculdade"*. G: *"Acabou a faculdade, não tem mais faculdade"*. LE: *"É, tâmo de férias!"*.

Pode-se entender que os dois meninos expressam na sequência de eventos da brincadeira sua revolta com uma situação injusta e desproporcional e o seu desejo de evadir-se da educação infantil, e serem promovidos à faculdade, talvez na esperança de melhor acolhimento. Esta cena mostra, como diz Corsaro no capítulo 1, que uma das situações difíceis que se apresentam às crianças na escola é lidar com o poder dos adultos. Ao mudar para a faculdade, a criança empodera-se. Mas as crianças conseguem criar estas cenas que as ajudam a resolver situações difíceis porque são dotadas de imaginação, que, além de ser dependente do meio ambiente, o é também da experiência, das necessidades e dos interesses nos quais ela se manifesta.

Em busca de uma síntese

Quando se fala no brinquedo, é improdutivo desconsiderar os vários aspectos que o definem. Dependendo de onde nos situemos, a tendência é fazer sobressair uns em detrimento de outros, até pela necessidade de teorização. Uma possível oposição entre leituras do brinquedo que valorizam o indivíduo e seus processos intrapsíquicos e aquelas que o entendem na confluência com a cultura é uma dessas polarizações. Quando se trabalha com crianças que frequentam a escola infantil, verifica-se que as crianças que estão imersas nos sistemas culturais têm trajetórias de desenvolvimento nem sempre semelhantes, fruto de situações idiossincráticas que marcam a vida de algumas delas. Procurar entender essas trajetórias pessoais é também tarefa da escola. A escola precisa ouvi-las para poder significar e dar sentido às suas produções. Fala-se aqui das diferentes vivências que as crianças têm e que se manifestam social, cognitiva ou afetivamente, de forma permanente ou situacional, oriundas de suas experiências na família ou na escola, e que se manifestam privilegiadamente nas brincadeiras. Saber ler e escutar essas brincadeiras, tanto no que concerne às rotinas culturais que evidenciam, como com relação ao seu desenvolvimento, é obrigação da escola infantil. E isto exige interdisciplinaridade.

Referências bibliográficas

BATESON, G. *Steps to an ecology of mind*. New York: Ballantine, 1972.

CORSARO, W. Interpretive reproduction in children's peer cultures. *Social Psychology Quarterly*, Washington, v. 55, n. 2, p. 160-77, 1992.

CORSARO, W.; HEISE, D. Event Structure Models from Ethnographic Data. *Sociological Methodology*, Michigan, n. 20, p. 1-57, 1990.

DE CONTI, L.; SPERB, T. M. O brinquedo de pré-escolares: um espaço de ressignificação cultural. *Psicologia: Teoria e Pesquisa*, Brasília, v. 17, n. 1, p. 59-67, 2001.

GASKINS, S., HAIGHT, W.; LANCY, D. F. The cultural construction of play. In: GÖNCÜ, A.; GASKINS, S. (Eds.). *Play and development*. New Jersey: LEA, 2006, p. 179-2002.

GIFFIN, H. The coordination of meaning in the creation of a shared make-believe reality. In: BRETHERTON, I. (Ed.). *Symbolic play*: the development of social understanding. New York: Academic Press, 1984.

GÖNCÜ, A., JAIN, J.; TUERMER, U. Children's play as cultural interpretation. In: GÖNCÜ, A.; GASKINS, S. (Eds.). *Play and development*. New Jersey: LEA, 2006, p. 155-78.

LORDELO, E. R.; CARVALHO, A. M. A. Padrões de parceria social e brincadeira em ambientes de creches. *Psicologia em Estudo*. Maringá, n. 11, p. 99-108, 2006.

MELLO, C. O.; FACHEL, J.; SPERB, T. M. A interação social na brincadeira de faz-de-conta: uma análise da dimensão metacomunicativa. *Psicologia: Teoria e Pesquisa*. Brasília, v. 13, n. 1, p. 119-130, 1997.

ROSSETTI-FERREIRA, M. C. Introdução. In: ROSSETTI-FERREIRA et al. *Rede de significações*. Porto Alegre: ArtMed, 2004, p. 15-19.

SARACHO, O.; SPODEK, B. A historical overview of theories of play. In: SARACHO, O.; SPODEK, B. *Multiple perspectives on play in early childhood education* (Eds.). Albany: State University of New York, 1998.

SCHWARTZMAN, H. *Transformations*: the antropology of children's play. New York: Plenum, 1978.

SMITH, V. H.; SPERB, T. M. Contextos e parceiros do narrar na escola infantil. *Psicologia: reflexão e crítica*, v. 22, n. 2 (no prelo).

VASCONCELLOS, V. M. R. Uma visão prospectiva de desenvolvimento em que o presente está sempre recriando o passado. In: COLINVAUX, D.; BANKS-LEITE, L.; DELL'AGLIO, D. D. *Psicologia do desenvolvimento*: reflexões e práticas atuais. São Paulo: Casa do Psicólogo, 2006, p. 63-89.

VYGOTSKY, L. S. *La imaginación y el arte en la infancia*. Madrid: Akal, 1996.

WINNICOTT, D. W. *O brincar e a realidade*. Rio de Janeiro: Imago, 1975.

PARTE II
Refletindo sobre método

CAPÍTULO 5

Métodos etnográficos no estudo da cultura de pares e das transições iniciais na vida das crianças

William A. Corsaro

Minhas concepções e práticas de etnografia têm sido influenciadas principalmente pelo sociólogo Howard Becker (1970) e por dois antropólogos — Cliffort Geertz (1973) e Shirley Bric Heath (1983). As influências mais abrangentes de Becker e Geertz foram sobre o conceito de cultura e o valor do método em ciências sociais. Shirley Heath tem sido um modelo para o verdadeiro fazer em etnografia — mais especialmente nas etnografias com crianças.

Com base em Heath e outros etnógrafos, acredito que a validade das representações abstratas do comportamento humano deve se basear na realidade estabelecida com a observação e a análise disciplinadas. A etnografia possibilita uma base de dados empírica, obtida por meio da imersão do pesquisador nas formas de vida do grupo. Entre as principais vantagens da etnografia, estão: 1) seu poder descritivo; 2) sua capacidade de incorporar a forma, a função e o contexto do comportamento de grupos sociais específicos aos dados; 3) sua captura de dados (em notas de campo e/ou por meio de gravação em áudio ou vídeo) para a análise apurada repetida.

A etnografia envolve diversas estratégias ou procedimentos de pesquisa, incluindo:

- entrada no campo e aceitação no grupo social;
- coleta e escrita consistente de notas de campo, entrevistas formais e informais e descrição de artefatos;
- coleta de gravações audiovisuais de eventos acontecidos espontaneamente;
- coleta e análise de dados comparativos — incluindo casos negativos;[1]
- construção de uma descrição detalhada (ou densa) da cultura do grupo estudado e da história do processo de pesquisa;
- interpretação da descrição densa e geração de uma teoria interpretativa construída a partir dos dados, o que implica buscar padrões nos dados indutivamente em vez de considerar hipóteses específicas preestabelecidas (Glaser e Strauss, 1967).

Antes de dirigir a discussão para o meu próprio uso de métodos etnográficos, quero considerar três características-chave da pesquisa etnográfica: 1) sustentável e comprometida; 2) microscópica e holística; 3) flexível e autocorretiva.

Sustentável e comprometida

A pesquisa etnográfica envolve um trabalho prolongado no campo, onde o pesquisador tem acesso ao grupo social e conduz uma observação intensiva por um período de meses ou anos. De forma a interpretar o que os participantes estudados estão fazendo ou falando, o etnógrafo precisa

---

1. Uma vez que o pesquisador tenha encontrado um padrão nas notas de campo ou nas entrevistas, ele busca dados, ou tenta coletar novos, que não se encaixam no padrão, isto é, casos negativos. Se um caso negativo é encontrado, modifica-se a interpretação do padrão, o que torna essa interpretação mais consistente.

saber como são os seus cotidianos — o ambiente físico e institucional no qual eles vivem, suas rotinas, as crenças que guiam as suas ações, e a linguagem e outros sistemas simbólicos que medeiam todos estes contextos e atividades. Esta informação é coletada e registrada sistematicamente por meio de notas de campo, entrevistas formais e informais, documentos ou artefatos e gravações em áudio ou vídeo.

A maioria dos etnógrafos defende a "observação participante", que é sustentável e comprometida, e requer que o pesquisador não apenas observe repetidamente, mas também participe como um membro do grupo. A aproximação mais efetiva ocorre quando o pesquisador toma a compreensão dos sentidos e da organização social como tema de pesquisa a partir de uma perspectiva de dentro, aprendendo a se tornar um membro do grupo, documentando e refletindo sobre o processo.

Microscópica e holística

Uma segunda característica da pesquisa etnográfica é que ela é simultaneamente microscópica e holística. Frequentemente os etnógrafos abordam interpretações mais amplas e abstraem análises do que Geertz (1973) chama de "uma familiarização extremamente profunda com questões extremamente miúdas". Isto significa dispender muito tempo observando e participando de aspectos micro ou corriqueiros da vida diária daqueles que estão sendo focalizados no estudo. De modo a assegurar que a generalização feita seja válida culturalmente, os etnógrafos devem estar fundamentados na acumulação das especificidades do cotidiano e nas reflexões dos participantes sobre elas.

Mas descrever simplesmente o que é visto e ouvido não é suficiente. De forma a atribuir sentido às observações de atividades e comportamentos específicos, deve-se engajar em um processo de interpretação que Geertz chama de "descrição densa". Geertz argumenta que nunca se pode atingir a compreensão por meio da descrição de um comportamento apenas físico (ou o que ele chama de "descrição superficial"). Para ilustrar, ele se refere a dois meninos que, na linguagem da descrição superficial, estão "contraindo rapidamente as pálpebras do olho direito". Seria uma contração muscular? Eles estão piscando, imitando uma piscadela, fingindo uma piscadela, treinando uma piscadela? É impossível afirmar sem entender os contextos múltiplos nos quais estes comportamentos ocorrem e os códigos de comunicação socialmente estabelecidos de onde eles derivam. Portanto, é necessário não apenas examinar ações microscopicamente, mas contextualizá-las mais holisticamente, de forma a descrever com sucesso o evento e como ele foi entendido pelos próprios atores.

Flexível e autocorretiva

Uma terceira característica da etnografia é que ela é flexível e autocorretiva. Diferentemente da pesquisa positivista (experimental e quase--experimental) com procedimentos estritamente controlados e hipóteses específicas a serem testadas, a essência da etnografia é ser "um método dialético" (ou interativo-adaptativo) no qual "questões iniciais talvez mudem no decorrer da pesquisa" (Gaskins, Miller e Corsaro, 1992, p. 16).

Um exemplo disso pode ser encontrado na minha pesquisa etnográfica inicial em pré-escolas. Inspirado nas promessas das abordagens construtivistas do desenvolvimento humano (Piaget e Vigotski), iniciei minha pesquisa convicto de que a interação de pares tinha efeitos positivos no desenvolvimento social das crianças. O construtivismo me projetou para junto das crianças, mas, uma vez que passei a fazer parte do mundo delas, comecei a questionar a abordagem que deu ímpeto ao meu trabalho. O construtivismo, especialmente o apresentado pelo trabalho de Piaget, é uma teoria da acomodação individual da criança a um mundo autônomo, mas me descobri estudando processos coletivos, partilhados e culturais. Aos poucos comecei a ver que não estava simplesmente estudando os efeitos positivos da interação entre pares, mas estava também documentando a produção criativa das crianças e sua participação em uma cultura de pares. Logo de início me convenci de que as crianças pré-escolares tinham suas próprias culturas de pares quando observei suas estratégias para escapar das regras dos adultos que elas entendiam como arbitrárias.

A autocorreção é também construída nos processos de coleta de dados etnográficos. É impossível para o pesquisador saber de antemão como formular perguntas de entrevista que serão aplicadas a participantes cujas normas de comunicação diferem das suas. Mais do que isto, como apresentar sua pesquisa e ele próprio como pesquisador aos informantes, e como se posicionar na esfera social de forma a permitir a melhor observação do fenômeno de interesse. Registrar e analisar erros metodológicos iniciais, julgamentos equivocados ou o que Charles Briggs (1986) chama de "repertório comunicativo", é uma forma útil de os etnógrafos obterem informações para revisar seus procedimentos, e assim melhor se adaptar às demandas de uma situação particular de campo.

A flexibilidade e a natureza autocorretiva da etnografia aplicam-se não apenas às questões de pesquisa e à coleta de dados, mas também à análise dos dados. Diferentemente das abordagens positivistas, a análise interpretativa dos dados etnográficos não pode ser totalmente especificada de antemão. Tampouco a análise deve ser simplesmente vista como um primeiro passo da geração de hipóteses dentro de uma abordagem positivista. Ao contrário, a análise interpretativa é geradora de teoria, mas, porque o critério de direcionamento é o de validade cultural, as categorias descritivas não são predeterminadas, e sim derivadas de um processo de divisão, classificação e avaliação interativas. Isto não significa que o etnógrafo empreende a organização dos dados sem um esquema ou um arcabouço analítico inicial. O que é buscado é um "equilíbrio entre estrutura, guiada pelo problema de pesquisa, e flexibilidade, guiada pelo objetivo de entender o ponto de vista do informante..." (Miller e Sperry, 1987, p. 9).

Entrada no campo, aceitação pelo grupo e coleta de dados em escolas italianas

Bolonha (1983-86)

Ao longo deste texto, recorrerei repetidamente aos conceitos de pares e de cultura de pares. Por pares entendo a coorte ou grupo de crianças que passam tempo juntas diariamente. Meu foco é a cultura de pares local, produzida e compartilhada primariamente por meio de interação face a face. Defino cultura de pares como um conjunto estável de atividades ou rotinas, artefatos, valores e interesses que as crianças produzem e compartilham em interação com pares.

Eu estava apreensivo com a minha entrada no campo na primeira *scuola dell' infanzia* italiana, devido à minha limitada capacidade de conversação em italiano naquele momento. Esta apreensão teve vida curta. Com a ajuda de colegas italianos consegui entrar em uma e apresentar minhas metas de pesquisa (basicamente, como é ser uma criança na escola?) às professoras. A escola da qual me tornei parte tinha 5 professoras e 35 crianças, entre 3 e 5 anos.

No meu primeiro dia na escola, as professoras me apresentaram às crianças como alguém dos Estados Unidos que viria à escola para ficar com elas o ano todo. Confiante na estratégia "reativa" de entrada no campo que usara na minha pesquisa anterior nos Estados Unidos, fui até a área onde as crianças brincavam, sentei-me e esperei que elas reagissem à minha presença. Não demorou muito. Elas começaram a me fazer perguntas e a me chamar para as suas brincadeiras e, com o passar do tempo, me definiram como um adulto atípico.

Para a minha surpresa, minha aceitação pelas crianças italianas foi muito mais fácil e rápida do que pelas crianças americanas. Para as crianças italianas, assim que eu começava a falar o meu italiano limitado, tornava-me esquisito, engraçado e fascinante. Eu era não apenas um adulto atípico, mas também um adulto incompetente — não apenas uma criança grande, mas uma espécie de criança grande e boba.

A primeira coisa que notaram foi o meu sotaque, mas se acostumaram rapidamente com ele e então perceberam que eu usava muitas palavras erradas (gramática errada) e que o que eu dizia raramente fazia sentido (semântica errada). No início, adoravam rir e debochar dos meus erros de pronúncia. Entretanto, logo se tornaram pequenos professores, que não apenas corrigiam meu sotaque e minha gramática, mas repetiam e até reformulavam suas próprias falas quando eu não conseguia entender. Costumavam se juntar em pequenos grupos chamando os outros e rindo:

"Adivinha o que o Bill acabou de dizer!". Rapidamente estávamos nos dando muito bem, e minha confiança em me comunicar com as crianças começou a aumentar. Lembro-me especialmente de um pequeno triunfo. Estava sentado no chão com dois meninos, Felice e Roberto, brincando de corrida de carrinhos. Felice estava falando de um corredor italiano enquanto brincávamos, mas falava tão rápido que eu apenas conseguia entender parte do que dizia. Em dado momento, contudo, o carrinho bateu na parede e capotou. Ouvi claramente a frase *Lui è morto*, e sabia que significava "Ele morreu". Imaginei que Felice devia estar contando um acidente trágico em alguma corrida de Fórmula 1. Naquele momento lembrei e usei uma frase particular que aprendera nas minhas primeiras aulas de italiano: "*Che peccato!*" ("Que pena!").

Olharam para mim maravilhados, e Felice disse: "*Bill! Bill! Ha ragione! Bravo, Bill!*" ("Bill! Bill! Tem razão! Parabéns, Bill!). — "*Bravo, Bill!*", repetiu Roberto. Então Felice chamou outras crianças da escola. Várias vieram e escutaram atentamente a narração de toda a história do trágico acidente: "Aí o Bill disse: '*Che peccato!*'". O pequeno grupo me aclamou e alguns até bateram palmas com a notícia. Nem um pouco constrangido por tanta atenção, senti-me bem — como um do grupo! Não era mais um adulto tentando aprender a cultura das crianças. Estava dentro dela. Estava conseguindo. Participava!

Com as professoras, entretanto, as coisas não iam tão bem. De fato, nos meus primeiros meses na escola eram frequentes as confusões e falhas de comunicação. Primeiro, as professoras e eu tínhamos consciência dos nossos problemas de língua: para as professoras, porque sabiam somente uma língua, e para mim porque o meu italiano era limitado. Segundo, tentávamos abordar assuntos abstratos, como a política de educação da infância nos Estados Unidos, ao passo que com as crianças, enquanto brincávamos, as conversas eram mais triviais. Terceiro, as professoras não eram tão eficientes quanto as crianças para reformular suas falas. Embora falassem pausadamente e evitassem construções difíceis e expressões idiomáticas, à medida que a conversa avançava aceleravam, surgiam frases complexas, e eu ficava confuso. Quando mostrava minha confusão, elas se sentiam um tanto desnorteadas e insistiam para que recomeçássemos. Assim, raramente conseguíamos ir muito longe nessas primeiras tentativas.

Dadas as nossas dificuldades, as professoras se surpreendiam com meu aparente sucesso comunicativo com as crianças. Várias vezes vi uma ou outra professora chamar as crianças para perguntar sobre o que havíamos falado. As crianças não tinham problemas em contar às professoras o que eles e eu havíamos dito. Essas explicações levaram as professoras a me perguntar por que conseguia me comunicar tão bem com as crianças. Disse-lhes que as crianças e eu falávamos de coisas mais simples e diretas relacionadas às brincadeiras. Embora um pouco perplexas, aceitaram essa explicação e, com o tempo, meu italiano melhorou e também consegui me comunicar com elas. Uma coisa importante, contudo, foi que a descoberta pelas crianças dos meus problemas comunicativos com as professoras se tornou um aspecto especial da nossa relação. Elas conseguiam falar comigo e eu com elas com pouca dificuldade, mas era claro para elas que este não era o caso com as professoras. Vários pais me contaram que seus filhos ou filhas chegavam em casa dizendo: "Tem aquele americano na escola, o Bill, e a gente consegue falar com ele, mas as professoras não!". Ou seja, as crianças viam minha relação com elas como uma quebra parcial do controle das professoras.

A natureza de minha relação especial com as crianças revelou-se claramente durante a realização de um projeto na escola. No começo do ano letivo todas as crianças da escola haviam desenhado pequenos autorretratos em folhas de papel. Esses retratos individuais foram então organizados em uma imagem de grupo muito maior intitulada: *"Insieme delle facce dei bimbi della Molino Tamburi"* ("Todos os rostos das crianças da Molino Tamburi"), que foi afixada na parede do salão principal da escola. Molino Tamburi era o nome da escola, e essa imagem de conjunto refletia o caráter comunitário do currículo.

Depois as professoras haviam pedido para que as crianças falassem um pouco de si. Gravaram suas respostas, transcreveram-nas e as colocaram em um portfólio, que foi dado a cada criança, no fim do semestre, com o retrato da turma e outros materiais produzidos no decorrer do ano. Ao se descreverem, a maior parte das crianças se referia às características

TEORIA E PRÁTICA NA PESQUISA COM CRIANÇAS

físicas, dizia se tinha irmãos ou irmãs, bichos de estimação, o que gostava de fazer, e assim por diante. Contudo, uma garota, Carla, respondeu apenas: "*Avevo una borsa*" ("Eu tinha uma bolsa"). Apesar da insistência das professoras e de seus colegas, ela não disse mais nada, e presumi que a bolsa perdida era terrivelmente importante para ela.

Depois de acabarem seus autorretratos, as crianças mais velhas tiveram a chance de desenhar retratos dos adultos. Este grupo incluiu as professoras, as *dade* (mulheres que trabalhavam na escola, servindo as refeições e fazendo a limpeza, mas também atuavam às vezes como avós substitutas para as crianças), as professoras e eu. Essas imagens também foram compostas em um retrato de grupo e afixadas ao lado do retrato de grupo das crianças com o título: "*Insieme degli adulti della Molino Tamburi*" ("Os adultos da Molino Tamburi").

Depois de todas as crianças terem falado de si mesmas, tiveram a oportunidade, em uma reunião do grupo, de fazer comentários sobre os adultos e descrevê-los. Elas descreveram as características físicas das professoras e *dades* e também fizeram alguns comentários sobre as suas personalidades. Disseram que as professoras eram legais, mas também um pouco severas, levantando a voz quando as crianças se comportavam mal. Chegamos agora ao ponto relevante da narrativa sobre os desenhos e as descrições, o que as crianças disseram a meu respeito: "Bill é um homem novo e alto. Tem cabelos negros, olhos castanhos, usa óculos e tem barba. Sempre vem à escola e brinca com as crianças, ele é bonzinho. Bill é americano, não é italiano, mas entende a língua. Com as crianças, fala italiano muito bem". Essa descrição das crianças demonstra bem suas percepções e sentimentos por mim. Aos seus olhos, era um homem jovem e alto (embora, na realidade, minha altura esteja um pouco abaixo da média dos homens americanos) e era bonzinho, porque sempre ia à escola para brincar com elas. Desse modo, era visto como um amigo. Além disso, essa relação era especial porque, embora eu seja americano, e não italiano, entendia a língua e, com elas, me comunicava muito bem.

Apesar dessas palavras gentis a respeito da minha habilidade com a língua, as crianças nunca se cansaram de debochar dos meus erros quando falava ou dos meus fracassos em entender algo que alguém havia dito. Os menores gostavam muito de debochar de mim. De fato, as crianças com frequência generalizavam minha incompetência com a língua às outras áreas do conhecimento social e cultural.

Certa vez fomos a um zoológico e parque temático com reproduções de dinossauros. Durante nossa visita, eu disse a um pequeno grupo de crianças que o dinossauro que estávamos vendo tinha vivido no mesmo lugar que eu, nos Estados Unidos. De fato, sabia que era verdade porque estava escrito no cartaz ao lado. As crianças gargalharam com o meu comentário. Um menino, Romano, gritou: "O Bill é louco! Diz que esse dinossauro vivia nos Estados Unidos". Então, apontando para o dinossauro, acrescentou: "É claro que vivia aqui mesmo!". Diante da lógica desta réplica, não tentei contestar a crítica ao meu comentário.

Uma vez aceito pelas crianças, observei e participei de suas atividades ao longo de dez meses. Nos últimos meses filmei essas atividades, que capturam a natureza da minha participação, assim como aspectos interessantes da cultura de pares das crianças.

No primeiro filme, *La banca* (O banco), as crianças criaram um banco especial, um banco itinerante, que vem ao cliente para dispor do dinheiro. Esta é uma ideia absolutamente criativa, melhor do que ir ao caixa automático para sacar dinheiro. Fiquei impressionado e iniciei minha participação na brincadeira pedindo dinheiro (40 mil liras). Mas o menino inicialmente não me deu dinheiro suficiente (somente 3 pedras, ou 30 mil) e, quando solicitei uma quantia maior, ele me deu dinheiro demais. As crianças então brigaram um pouco pelo controle do banco, eu disse adeus ao banco e eles se afastaram. Um ponto interessante aqui é que as crianças estavam violando uma proibição que eu não conhecia, que era a de brincar com a grande caixa vermelha usada para trazer os brinquedos para a área externa. Uma menina havia se machucado anteriormente quando ela e outras crianças brincavam com a caixa, então as professoras proibiram as brincadeiras. Depois da filmagem deste vídeo, as professoras me contaram que autorizaram a brincadeira por um tempo, até que as crianças começaram a brigar pela caixa, porque elas também estavam impressionadas com o banco. Vemos, portanto, que as crianças

TEORIA E PRÁTICA NA PESQUISA COM CRIANÇAS

construíram seu banco inovador como uma forma de contornar uma regra de que elas não gostavam.

No segundo vídeo, *Il capo* (O chefe), um menino é o chefe e tem um assistente que cuida das coisas quando ele não está. Eles são os patrões de várias meninas que coletam formigas nas paredes, colocam em um balde e trazem para que o chefe as guarde em seu próprio balde. Esta brincadeira se desenvolveu espontaneamente, e o chefe se sentava em sua cadeira especial (na verdade, uma cadeira de boneca), enquanto controlava os seus trabalhadores. Quando o chefe retornou do banheiro, pediu imediatamente para segurar o meu microfone. Eu concordei porque, afinal de contas, ele era o chefe. Ele contou aos outros que estava segurando o microfone e permitiu que algumas crianças falassem ao microfone enquanto o segurava. Eu o desencorajei um pouco e sugeri que continuasse o seu trabalho enquanto as meninas lhe traziam mais formigas. Entretanto, ele permitiu que várias crianças tivessem a sua vez para falar ao microfone e todas fingiram ser um apresentador de programas de variedades famosos na televisão italiana. Elas falavam: "Senhores e senhoras, para vocês, o cantor", e então adicionavam o nome do chefe ou de outra criança. Um menino que carregava um pino de boliche me fez ser um dos cantores, usando meu primeiro nome e sobrenome, ainda que ele tivesse ouvido meu sobrenome somente uma ou duas vezes; fiquei surpreso por ele saber. Mais tarde este menino matou algumas das formigas, e o assistente do chefe e eu mesmo pedimos ao chefe para que o mandasse parar. Ele bateu suavemente na minha cabeça com o pino de boliche por tê-lo denunciado, então eu joguei o pino para longe. No entanto, rapidamente ele o recolheu e voltou a brincar. É possível perceber que eu estava totalmente envolvido e que o microfone teve um efeito sobre a natureza da brincadeira. Contudo, o microfone era parte da brincadeira, somente o chefe podia tê-lo e, portanto, decidia quem e quanto poderia falar. Dessa forma, o tema do jogo de papéis foi preservado.

Em Bolonha foi a primeira vez que eu retornei a uma *scuola dell' infanzia* por um segundo ano. As crianças de três e quatro anos estavam um ano mais velhas quando retornei em maio de 1985. A antecipação do meu retorno tinha sido motivada por uma troca de cartas com as crianças e professoras. Fui cumprimentado na chegada pelas crianças e professoras, que me presentearam com um grande painel no qual eles tinham desenhado meu retrato e escrito: *"Ben tornado, Bill!"* ("Bem-vindo de volta, Bill"). Após me darem o painel, as crianças se aglutinaram à minha volta, me puxaram de forma a que eu me agachasse e cada uma teve a sua vez para me abraçar e beijar. No meio do júbilo, notei alguns rostos novos — crianças de três anos que tinham entrado na escola durante a minha ausência. Um ou dois destes pequenos vieram timidamente me tocar ou receber um beijo.

Mais tarde nesse dia, depois que a comoção tinha passado, eu estava sentado a uma mesa com muitas crianças que estavam brincando com um jogo de tabuleiro. Notei que um menino pequeno cujo nome descobri depois, Alberto, me observava de longe. Ele finalmente se aproximou e perguntou: *"Sei Bill, veramente?"* ("Você é mesmo o Bill?"). "Sim eu sou mesmo o Bill", respondi em italiano. Alberto, sorrindo, me examinou por alguns segundos e então correu para brincar com outras crianças.

A festa que as crianças fizeram para marcar o meu retorno à escola esteve certamente relacionada com a duração da minha ausência (a ausência certamente enternece o coração). No entanto, a relação próxima com as crianças foi bem além da alegria que acompanha o retorno de um velho amigo. Muitos etnógrafos de crianças têm apontado a importância de se desenvolver um *status* participante como um adulto atípico, menos poderoso, na pesquisa com crianças pequenas. Neste caso, como argumentei anteriormente, o fato de eu ser estrangeiro foi central para o meu *status* de participante. A competência limitada na língua italiana e a falta de conhecimento sobre o funcionamento da escola levou as crianças a me verem como um "adulto incompetente", como alguém que elas poderiam proteger e ajudar a se familiarizar na escola.

Um segundo aspecto importante é o uso da etnografia longitudinal ao se estudar crianças pequenas. Trabalhos teóricos recentes nesta área são críticos de teorias tradicionais da socialização e do desenvolvimento das crianças devido ao *status* marginal das crianças nessas teorias. Visões tradicionais focalizam o desenvolvimento individual e veem as crianças como incompletas — ainda em processo de transição da imaturidade para a competência do adulto. As novas abordagens argumentam contra o viés individualista das teorias tradicionais e reforçam a importância da ação coletiva e da estrutura social. A etnografia longitudinal é um método ideal para esta abordagem teórica, particularmente quando objetiva documentar o envolvimento crescente das crianças em suas culturas e quando focaliza períodos-chave de transição na vida delas. O retorno para a escola foi a minha primeira tentativa de ampliar o delineamento longitudinal da pesquisa que eu estava fazendo em direção a este ideal.

Vamos voltar à nossa história para refletir sobre o potencial da etnografia longitudinal. Eu não retornei simplesmente para o campo e recomecei a minha pesquisa. Traços da minha presença prolongada foram discutidos pelas crianças e professoras em reflexões sobre as suas experiências passadas comigo. As memórias e emoções evocadas por estas conversas informais foram aprofundadas e intensificadas por uma série de atividades mais focadas: a leitura e discussão de cartas e cartões que eu lhes enviei; a apreciação do presente dado por mim (um móbile do dia das bruxas de *jack-o lanterns* — abóboras esculpidas com uma vela interna —, bruxas, aranhas e fantasmas), acompanhada de uma descrição de um feriado maravilhoso, mas desconhecido para elas, simbolizado no móbile; suas composições de cartas e trabalhos de arte para me enviar; suas discussões e expectativas sobre meu retorno; a construção de um painel para comemorar a minha chegada. Outras versões destes discursos e atividades foram também produzidas no meu mundo — nas discussões em família, com meus colegas, com meus alunos e em relatórios de pesquisa.

Logo, o meu retorno não marcou o começo de uma fase do estudo longitudinal, mas uma evolução contínua da minha associação com este grupo. A documentação sobre esta evolução e a reflexão sobre ela são de importância teórica central para a apropriação cognitiva e emocional da natureza da participação sempre crescente das crianças nas culturas de pares locais e na escola.

Finalmente, há a conclusão da história do pequeno Alberto. Em suas interações com seus pares e professoras ao longo de seu primeiro ano na escola, esse Bill misterioso tinha se tornado uma espécie de lenda para

Alberto. Então, Alberto, como São Tomé[2], desejava confirmação direta do meu *status*. O seu interesse e fascinação por mim ilustram como o *status* participante de um etnógrafo se torna parte da rede de relações de todos que ele estuda ao longo do tempo em uma pesquisa longitudinal. Ainda que Alberto necessitasse confirmar a realidade da minha existência, ele estava muito influenciado pelo que tinha aprendido sobre mim através das outras crianças. Por exemplo, ele rapidamente entendeu e se aproveitou do meu *status* de adulto incompetente.

Alguns dias depois do meu retorno, várias crianças estavam me contando coisas que aconteceram durante a minha ausência. A história tinha que ser interrompida e repetida muitas vezes porque eu apresentava problemas de entendimento. Na última vez em que a história estava sendo recontada, Alberto se juntou ao grupo e colocou as mãos na cabeça, rindo: *"Ma uffa! Bill. Lui non capisce niente!"* ("Oh cara! O Bill, ele não entende nada!"). Torna-se um pouco mais fácil para um adulto empatizar com o *status* mais baixo das crianças na sociedade quando ele se descobre uma vítima do deboche bem-sucedido de um menino de três anos.

Cultura de pares, processo de alfabetização e transição para a escola fundamental

Módena (1996-2001)

Em Módena, na Itália, conduzi um estudo sobre a transição das crianças da pré-escola para o primeiro ano de ensino obrigatório com minha colega italiana Luisa Molinari. Demos continuidade ao estudo por meio de observações e entrevistas nos cinco anos seguintes das crianças na escola. O foco principal do estudo era os cinco últimos meses de pré--escola e os quatro primeiros meses das crianças na primeira série da *scuola elementare*.

---

2. Tomé, um dos doze apóstolos, duvidou da ressurreição de Jesus e somente após vê-lo vivo se convenceu. Daí o ditado: *ver pra crer.* (N.T.)

Meus primeiros dias na *scuola dell' infanzia* de Módena representaram um novo desafio para mim. Pela primeira vez, encontrava-me em uma pré-escola onde eu era o único novato. Nas pesquisas anteriores, entrava nas escolas no começo do ano e pelo menos algumas das crianças (quando não todas) estavam, como eu, num ambiente novo. Além disso, neste caso eu não apenas estava entrando no grupo no meio do ano letivo, já que quase todas as crianças e as professoras já se conheciam há dois anos e meio. Isso, junto com o fato de eu ser estrangeiro, aguçou muito a curiosidade dos adultos e das crianças a meu respeito durante os primeiros dias na escola.

Como havia feito nas pesquisas anteriores, cheguei às áreas de brincadeira, sentei e esperei que as crianças reagissem à minha presença. Algumas das mais velhas e mais ativas da turma (Luciano, Elisa e Marina) frequentemente vinham me contar o que estava acontecendo e de modo geral tomaram conta de mim durante as primeiras semanas. Acompanhavam-me até as aulas de música e de inglês, e ouvi que diziam às crianças das outras turmas de quatro e cinco anos: "O Bill é da nossa turma!".

Embora as crianças gostassem da ideia de me ter em suas turmas, tal como havia ocorrido em Bolonha, elas debochavam da minha pronúncia errada e dos meus erros de gramática, e afirmavam que *"hanno capito niente"* ("não entendiam nada") do que eu dizia. Várias crianças davam tapinhas no meu estômago, rindo da minha *"pancia grande"* ("barriga grande"). Um dia, quando já estava na escola havia três semanas, sentei em uma área onde uma menina, Carlotta, que costumava debochar de mim, brincava de bonecas com várias meninas. De repente, ela levantou o meu suéter, pôs sua boneca por baixo e chamou as outras crianças: "Olhem, o Bill tá grávido!". Então tirou a boneca em meio às gargalhadas de todas.

As crianças também não hesitavam em desconsiderar algumas de minhas ideias ou reivindicações. Uma vez, brincando no pátio de fora com várias crianças, percebi que Dario, Renato e Valério estavam juntando do chão umas varetas de madeira, embaixo do trepa-trepa. Eles protegiam suas varetas dos outros e discutiam a respeito do fogo. Eu disse, então, que os índios acendiam o fogo esfregando dois gravetos.

Renato e Valerio decidiram tentar, mas o Dario disse, com todas as letras: "O Bill é *'pazzo'* ['louco'], não sabe do que tá falando, não vai funcionar". Os outros concordaram rapidamente e decidiram usar as varinhas para remexer as folhas.

Em contrapartida, as crianças percebiam que, na qualidade de adulto, eu tinha certas habilidades que podiam ser úteis. Certa vez, Renato, Angelo, Mario e Dario estavam brincando com blocos de construção de plástico. Deram-me alguns que estavam encaixados e pediram se eu podia separá-los. Aceitei essa tarefa de bom grado, mas logo percebi que as peças estavam muito mais unidas do que julgara. De fato, comecei a puxar com toda a força sem sucesso. Giovanna, uma das professoras, passou por perto, riu e disse que as crianças haviam encontrado um uso prático para mim. Percebi que muitas peças estavam provavelmente presas havia muito tempo. Já estava pensando em abandonar a tarefa quando tentei segurar uma peça na borda da mesa e a outra para fora da borda. Puxei com força e as duas peças se soltaram. Angelo e Renato gritaram: "Boa, Bill!", e imediatamente me deram várias outras peças. Separei facilmente as duas primeiras com meu método inventivo, mas tive mais problemas, pois várias peças simplesmente não se soltavam. Entretanto, os meninos estavam imitando o meu método com certo sucesso, então insisti. Notei que Angelo e Mario estavam guardando todas as peças separadas de volta na caixa. Contaram a várias outras crianças que Bill conseguira separá-las, mas que não iam brincar mais com elas. Perguntei-me sobre as razões desta decisão: será que estavam com medo de que as peças se unissem de novo? Seja como for, continuei trabalhando na minha tarefa ingrata até ouvir, para o meu alívio, Giovanna dizer que estava na hora de guardar tudo.

Certa manhã, depois de eu ter feito observações na escola por cinco semanas, Giovanna estava lendo um capítulo de *O mágico de Oz* para as crianças. Após mais ou menos dez minutos de leitura e discussão, chamaram-na para atender a um telefonema e ela me deu o livro, sugerindo que continuasse lendo a história. Conscientes de que seria uma tarefa difícil para mim, as crianças gritaram e bateram palmas achando que era uma ótima ideia. Logo tive problemas para pronunciar a palavra "espantalho",

TEORIA E PRÁTICA NA PESQUISA COM CRIANÇAS

em italiano, "*spaventapasseri*". As crianças riam e gritavam com as minhas trombadas nesta e em outras palavras. Algumas crianças até se jogaram no chão fingindo crises de histeria, diante da minha situação. Minha tarefa era mesmo muito complicada, pois parecia haver um "espantalho" em cada frase. Para o meu alívio, Giovanna voltou e, quando perguntou como tinha me saído, as crianças riram e disseram que eu não sabia ler muito bem. A Sandra gritou: "Não entendemos nada!" Giovanna então pegou o livro de volta, mas as crianças gritaram: "Não, queremos que o Bill leia mais!". Pegando o livro de volta, penei para ler mais uma página em meio às risadas animadas das crianças antes de devolver o livro à Giovanna dizendo: "*Basta cosi, adesso*" ("Agora chega").

Aqui, dois aspectos da resposta das crianças aos meus problemas com a língua diferem daqueles observados nas minhas experiências anteriores em Bolonha. Primeiro, em Bolonha eu observava um grande grupo de crianças com idades misturadas e competências de leitura e escrita muito diversas. Além do mais, embora as crianças de Bolonha fossem iniciadas à leitura e à escrita, isso não era parte central do currículo. No grupo de crianças de cinco anos de Módena, todos os dias havia aulas e atividades relacionadas à leitura e escrita durante o segundo semestre de seu último ano na pré-escola. Embora rissem dos meus erros, percebiam que eu sabia ler e se identificavam, de certa forma, com os meus problemas. Segundo, as crianças de Módena também estudavam inglês e percebiam que eu era competente naquela língua estrangeira que era muito difícil para elas. Ou seja, era tranquilizador para elas que este novo adulto compartilhasse alguns de seus desafios e experiências.

A linguagem foi um aspecto central para a minha aceitação pelas crianças e professoras. Meu italiano havia melhorado consideravelmente desde o meu primeiro trabalho em Bolonha. Eu podia conversar facilmente com as professoras das turmas de Módena. Mesmo assim, as professoras Carla e Giovanna notavam que eu estava longe de ser fluente em italiano e gostavam de debochar disto.

Em certa atividade eram apresentados às crianças vários objetos comuns de um domicílio, que eram então colocados em um saco. As professoras pediam a cada criança para introduzir a mão no saco, sem olhar, tocar, segurar e identificar o objeto que elas selecionaram, e então tirá-lo do saco. As professoras sabiam que eu poderia identificar facilmente os objetos, mas também que talvez eu não soubesse os nomes italianos de muitos deles. Peguei um abridor de latas e vi imediatamente que estava com problemas. Eu gaguejei um pouco e então falei em italiano "é uma coisa que abre coisas". Carla e Giovanna gargalharam, e uma criança, Sandra, que era sempre rápida para avaliar, gritou: *"Ma Bill, è un apriscatole!"* ("Mas Bill, é um abridor de latas!").

Em outro exemplo, as crianças estavam tendo uma aula de inglês onde tentavam aprender a música "Twinkle, Twinkle, little star" ("Brilha, brilha, estrelinha"). O professor de inglês, Joseph, primeiramente fez o grupo inteiro de crianças cantar a música em italiano e então percorreu a canção linha por linha com eles em inglês. Depois, dividiu as crianças em grupos de quatro e pediu que cantassem a música em inglês, atribuindo uma nota de um a dez às suas apresentações. Achei que todos os grupos haviam se desempenhado muito bem, mas Joseph era um avaliador exigente e nenhum grupo teve notas maiores que quatro. Giovanna, que estava assistindo a aula, sugeriu que eu cantasse a música em inglês, como modelo. Senti que era uma armação, mas prossegui e, é claro, Joseph me deu uma ótima nota.

"Agora, cante em italiano", disse Giovanna.

"As crianças podem cantar mais uma vez em italiano para mim?", pedi a Joseph.

Elas cantaram e eu ouvi atentamente. Então comecei, mas não consegui me lembrar de nada além das primeiras duas estrofes, errei muitas outras palavras, então parei de cantar. Giovanna e as crianças gargalharam, e Joseph anunciou a minha nota: *"Sotto zero!"* ("Abaixo de zero!").

Ao final do ano escolar, no início de julho, eu havia me tornado amigo das crianças, das professoras e de muitos pais da escola. Estava muito satisfeito por ter a possibilidade de acompanhar as crianças durante o outono. Das 21 crianças da pré-escola, 16 (5 crianças foram para uma escola diferente) foram divididas em quatro grupos de primeiras-séries. Eu observava um grupo diferente a cada dia e frequentemente passava as sextas-feiras visitando as professoras da pré-escola com seu novo grupo de crianças de três anos.

No início, na *scuola elementare*, as crianças que tinham vindo da nossa pré-escola reclamavam: "Bill é nosso!". No entanto, depois de algumas semanas eu conhecia todas as crianças e, quando parti em dezembro, as crianças e professoras me viam como parte da primeira série.

Continuei a ser parte desse grupo de crianças com suas professoras durante todo o primeiro nível da *scuola elementare*. Entretanto, um incidente ocorrido no começo de minha permanência na primeira série me deixou uma lembrança particular de minha profunda relação de amizade com as crianças provenientes da pré-escola. Foi em meados de outubro de 1996, e eu já estava com as crianças da primeira série havia pouco mais de um mês. Estava observando a primeira série B. A professora Letizia estava deslocando algumas mesas, pois as crianças da primeira série A iriam participar da aula. Enquanto eu a ajudava, senti o chão começar a tremer. Era um terremoto!

"Temos que levar as crianças para fora", disse Letizia, enquanto saía rapidamente da sala.

Supus que eu devia tomar conta das crianças da sala enquanto ela buscava as que estavam no corredor, no banheiro ou na sala da primeira série A. Tudo foi muito rápido, e não apenas o chão tremeu por vários segundos, mas parecia que estava cedendo, dando a impressão de que eu estava sobre gelatina. Eu já tinha vivenciado alguns tremores antes, mas esta sensação de o chão ceder era nova e aterrorizante. Juntei as cinco crianças da sala e fomos para fora, onde vi grupos de professoras e alunos reunidos perto do portão principal. Estavam agrupados por turmas e por grupos dentro das turmas. Algumas das crianças mais velhas estavam apavoradas e choravam, mas o tremor já havia parado. Olhando os prédios mais altos em torno da escola, pude ver que não havia estragos.

Enquanto levava minhas crianças para se juntarem ao resto da primeira série B, percebi que, para se protegerem da garoa, várias crianças da primeira série se dirigiam a uma pequena área fechada, onde guardavam bicicletas. As professoras logo mandaram que saíssem dali — tratava-se de ficar longe de qualquer coisa que pudesse desmoronar — e voltassem para os seus grupos. Então, um menino da primeira A, Mario, que eu também já conhecia da pré-escola, saiu correndo rumo ao prédio da escola. Fui atrás dele, mas uma das professoras foi mais rápida e o conteve.

"Mas preciso do meu lápis favorito", protestou ele.

"Está louco?", perguntou a professora. "Estamos em pleno terremoto, você pega o lápis depois!"

A esta altura, várias crianças que tinham estado comigo na pré-escola e que estavam na primeira B tinham se aproximado e seguravam os meus braços ou as minhas pernas enquanto a professora explicava que um terremoto tinha acabado de ocorrer. Depois de mais alguns minutos as coisas se acalmaram e as professoras deixaram as crianças circularem entre as turmas. Várias crianças das primeiras séries A, C e D, que tinham estado na pré-escola comigo, vieram correndo me perguntar: "Bill, também teve um terremoto na sua turma?".

Referências bibliográficas

BECKER, H. S. *Sociological work*. Chicago: Aldine, 1970.

BRIGGS, C. *Learning how to ask*. New York: Cambridge University Press, 1986.

CORSARO, W. *"We´re friends, right?"*: Inside Kid's Culture. Washington, D.C.: Joseph Henry Press, 2003.

_____. *The sociology of childhood*. 2. ed. Thousand Oaks, CA: Pine Forge Press, 2005.

_____. MOLINARI, L. Entering and observing in children's worlds: a reflection on an etnography of early education in Italy. In: CHRISTENSEN, P.; JAMES, A. (Orgs.). *Research with children*: perspectives and practices. London: Falmer Press, 2000, p. 179-200.

_____. *I Compagni: understanding children's transition from preschool to elementary school*. New York: Teachers College Press, 2005.

GASKINS, S., MILLER, P.; CORSARO, W. "Theoretical and methodological perspectives in the interpretive study of children." In: CORSARO, W.; MILLER, P. (Eds.). *Interpretive approaches to children's socialization*. San Francisco: Jossey-Bass, 1992, p. 5-23.

GEERTZ, C. *The interpretation of cultures*. New York: Basic Books, 1973.

GLASER, B.; STRAUSS, A. *The discovery of grounded theory:* strategies for qualitative research. New York: Aldine, 1967.

HEATH, S. B. *Ways with words:* language, life and work in communities and classrooms. New York: Cambridge University Press, 1983.

MILLER, P.; SPERRY, L. The socialization of anger and aggression. *Merril-Palmer Quarterly*, Baltimore, Maryland, n. 33, p. 1-33, 1997.

CAPÍTULO 6

Reflexões sobre a observação etnográfica: a cultura de pares em ação

Vera Silvia Raad Bussab
Ana Karina Santos

Difícil resistir às proposições básicas do método de observação etnográfica apresentadas por Corsaro, seja pela força dos argumentos e pela convincente lógica subjacente, seja pela qualidade dos resultados exemplificados. É inspirador o relato do caminho percorrido desde o início da pesquisa etnográfica em pré-escola, com ponto de partida numa teoria de acomodação individual da criança a um mundo autônomo, até o desenvolvimento de uma concepção de produção criativa das crianças e de participação numa cultura de pares. Esse resultado fala, por si só, a favor da característica de flexibilidade e autocorreção dialética do método proposto, ao mesmo tempo em que convida para um exame detalhado das suas peculiaridades, pois um método bem-sucedido requer entendimento redobrado para poder ser plenamente assimilado.

Não há como duvidar do poder da observação sistemática na produção de conhecimento, nem como negligenciar a importância dos aprimoramentos metodológicos sucessivos. Nas últimas décadas, por exemplo, a observação cuidadosa das crianças pequenas promoveu uma verdadeira revolução no entendimento do desenvolvimento infantil e desencadeou uma revisão das principais teorias psicológicas vigentes. Em trabalho anterior, "De colo em colo, de berço em berço" (Ribeiro, Bussab e Otta, 2004), analisamos as muitas tentativas da psicologia de acomodar os bebês em diferentes teorias e constatamos que autores clássicos, cujas contribuições são inegáveis e que estão na origem das diferentes abordagens teóricas, uns mais outros menos, subestimaram algumas características do recém-nascido humano (Seidl de Moura e Ribas, 2005), o que coloca problemas metodológicos interessantes: o da perene incompletude dos conhecimentos e o da constante possibilidade de superação.

O avanço do conhecimento dependeu em larga medida de desenvolvimentos metodológicos especiais para a observação de bebês, verdadeiros achados transformadores, como a mensuração de reações fisiológicas que denotam atenção (ex.: redução do ritmo cardíaco frente a estímulos novos) e o uso dos paradigmas das preferências (ex.: avaliação da preferência por diferentes estímulos a partir da fixação visual diferencial), da habituação (ex.: decréscimo do ritmo cardíaco diante de apresentações repetidas e volta da resposta ao nível inicial quando o estímulo é modificado) e da expectativa contrariada (ex.: o bebê se surpreende com acontecimentos supostamente inesperados, como o desaparecimento de um objeto após um tempo curto de oclusão ou entrada de um objeto atrás de um anteparo e saída de um objeto diferente) e das reações de agrado e de desagrado. Em outras palavras, a psicologia deu voz aos bebês. Não menos importante foi a consideração dos contextos interacionais, em situações social e afetivamente significativas (Seidl-de-Moura e Ribas, 2007; Piccinini, Alvarenga e Frizzo, 2007). Revelaram-se capacidades totalmente inesperadas, porém, não apenas, nem principalmente, por causa das novas formas de observação, mas sim como decorrência da nova orientação subjacente às opções técnicas. Essencial é a postura assumida pela psicologia diante da criança pequena — assim como diante de qualquer tema de estudo: importa assumir a atitude de apreender, aprender, compreender, no lugar da atitude de ensinar e de demonstrar algo já sabido. Trata-se de olhar, olhar de novo, observar sistematicamente, fazer perguntas, buscar entendimento. As estratégias de observação amplamente aplicadas realimentam a investigação de diversas maneiras, geram novas questões e fornecem uma visão mais ampla da questão em estudo (Borges e Dessen, 1998); proveem *insights*, capturam impressões gerais e mais amplas e elementos do contexto e do processo envolvidos no comportamento (Mulhall, 2003).

Entretanto, os sucessivos progressos metodológicos, motivados pelas tentativas de superação de falhas vigentes em determinado conjunto de procedimentos, podem acarretar outros problemas ou carregar armadilhas. Em determinado momento, por exemplo, a psicologia reconheceu a necessidade de descrever, explicitar, categorizar e quantificar os comportamentos, o que sem dúvida representou um divisor de águas e promoveu grande desenvolvimento dos conhecimentos e aprimoramentos conceituais. Na esteira desse sucesso, e até por causa dele, seguiram-se alguns problemas de exagero e de distorção na aplicação do princípio: muitas vezes, as medidas assim padronizadas não preservaram as qualidades dos fenômenos originais. Movimentos alternativos a esse tipo de quantificação esvaziada de sentido têm representado novidades revigorantes, que têm aplacado a verdadeira "mania de mensuração" que ataca a psicologia, como comentou Valsiner (2004) ao apresentar a criação de uma nova perspectiva — a da Rede de Significações —, cujo objetivo é exatamente o desenvolvimento de uma abordagem sistêmica ao estudo de desenvolvimento, na qual, embora explorar os vários fatores envolvidos seja considerado importante, é tido como menos relevante do que investigar sua forma de articulação na situação específica. Caracteriza-se pela busca de superação de falsas polaridades entre biológico/natural e social, diversidade e universalidade, permanência e ruptura, determinismo e indeterminismo, emoção e cognição, corpo e mente, interno e externo, sujeito autônomo e assujeitado, de maneira a tratá-los sempre de forma integrada (Rossetti-Ferreira, 2004). Nessa mesma obra, no capítulo "Vínculo e compartilhamento na brincadeira de crianças", Carvalho e Rubiano (2004) examinaram de maneira exemplar o aprimoramento metodológico e conceitual feito em três décadas de investigação sobre a interação e o desenvolvimento infantil, desde a insatisfação com os critérios de interação inicialmente considerados, até a mudança do foco individual para o foco interacional, a formulação de novos princípios de sociabilidade (orientação da atenção, compartilhamento de significados, persistência de significados), a ampliação dos modos de obtenção de informação (por exemplo, também perguntando para as crianças), o que levou a novas concepções sobre compartilhamento, vínculo e cultura.

Dependemos desses aprimoramentos conceituais e metodológicos, tais como os representados pelo método de observação etnográfica apresentado. A comparação deste com os diferentes métodos, desde os que guardam mais semelhanças, como o da Rede de Significação, e os menos próximos, pode promover uma ajuda adicional para a compreensão das especificidades, das vantagens e das limitações de cada um deles. A observação do comportamento é muito usada em pesquisas das diversas abordagens teóricas, como a etologia, a abordagem ecológica e a análise aplicada do comportamento, entre tantas outras. Para fazer uma leitura das proposições metodológicas de Corsaro, vamos usar como contraponto proposições análogas desenvolvidas sob inspiração da etologia e da Psicologia do Desenvolvimento, com as quais temos trabalhado, por acreditar que o recurso comparativo (aliás, um viés etológico) permite uma detecção mais apurada das peculiaridades e um exame mais atento das características subjacentes a cada método.

A importância dos estudos de campo

A pesquisa etnográfica envolve um trabalho prolongado no campo, para uma observação intensiva no ambiente natural; a imersão do pesquisador no contexto é considerada essencial para permitir a compreensão do que está sendo estudado. De maneira análoga, foi o reconhecimento da importância da busca do sentido, da origem, do desenvolvimento, bem como da análise do contexto para a compreensão do conjunto de fatores determinantes e da funcionalidade do fenômeno em questão, para uma compreensão integrada das interações entre fatores filogenéticos e ontogenéticos, que levou a etologia, como marco do seu estabelecimento inicial, a valorizar o ambiente natural (que na etologia é concebido como o meio ambiente de adaptabilidade evolutiva em separado do ambiente de criação). Esse enfoque etológico influenciou a Psicologia do Desenvolvimento na busca de uma compreensão mais ampla do comportamento enquanto "biologicamente determinado e submetido aos estímulos do meio ambiente" como objeto de estudo da psicologia (Biasoli-Alves, 1998, p. 138). A observação em situação natural possibilita ao pesquisador obter informações acerca de características do comportamento e seus determinantes que seriam de difícil, ou até mesmo impossível, acesso através de outros meios, além de propiciar o estudo de comportamentos que não seriam viáveis de serem produzidos experimentalmente (Pretzlik, 1994). A observação sistemática do comportamento visa "efetuar uma apreensão da realidade a partir de algum suporte determinado e utilizando algum sistema de códigos" (Argilaga, 2004, p. 14).

No estudo de campo, merecem exame as proposições feitas quanto à aceitação pelo grupo social em estudo e quanto à forma de participação nesse grupo.

A aceitação pelo grupo social

A entrada no campo e a aceitação pelo grupo social são destacadas como essenciais na observação etnográfica. Na observação naturalística essas questões também são consideradas básicas. O pesquisador também precisa de uma aceitação por parte do grupo ao entrar em um espaço individual ou grupal. Exemplos de comportamento animal podem servir a uma demonstração pungente desse ponto: quem assistiu aos vídeos de Jane Goodall (1991), que estudou por trinta anos chimpanzés em ambiente natural, não se esquecerá da importância da ocasião em que o grupo permitiu a proximidade da pesquisadora pela primeira vez, depois de meses de tentativas, e nem a emoção do momento em que um contato de mãos estendidas selava o laço de confiança estabelecido.

O etnógrafo, além de aceito como observador, precisa ser aceito como participante direto da vida diária do grupo, lançando mão de estratégias específicas e previamente estabelecidas para sua imersão nas práticas

TEORIA E PRÁTICA NA PESQUISA COM CRIANÇAS

cotidianas de adultos ou, como no relato de Corsaro, sobre o seu *status* de participante da cultura local de pares, refletido na festa organizada em sua visita subsequente, e sobre o fato de a aceitação dele no grupo ter sido facilitada por ter sido considerado um adulto atípico: a competência limitada na língua italiana e falta de conhecimento sobre o funcionamento da escola levou as crianças a considerá-lo um "adulto incompetente", a quem eles pudessem proteger e ajudar.

As diferentes formas de participação do observador

No desenvolvimento dos métodos observacionais em psicologia, a assunção da incapacidade de afastamento entre observador-observado gerou uma evolução que parte da ideia de aproveitamento deste fenômeno. Ou seja, se por um lado esta relação influencia a observação e a qualidade de certos dados, podendo gerar vieses, por outro, é fonte de novos dados que extrapolam o conteúdo objetivo.

Além do mais, conforme Argilaga (2004), o método observacional em psicologia consiste numa promissora experiência de complementaridade entre as abordagens qualitativa e quantitativa. Para a autora, a observação jamais prescindirá de uma elaboração qualitativa sobre o objeto observado. Desde a elaboração do instrumento, no entanto, esta mesma técnica permite uma análise de dados quantitativa que também pode ser permeada por conteúdos qualitativos provenientes da coleta de dados.

Uma característica central da etnografia é a da participação ativa e direta do pesquisador no cotidiano do grupo observado: ele se aproxima, é envolvido e envolve-se com o grupo social. Numa observação naturalística de cunho etológico, a aproximação com a realidade estudada é também crucial, mas não implica necessariamente envolvimento direto com os participantes. Corsaro destaca que este envolvimento caracteriza um "pesquisar com" e, não, "sobre", ressaltando que esta forma de pesquisar tem a vantagem de permitir que o pesquisador entenda o significado do fenômeno sob a ótica de seus significantes. Ou seja, o pesquisador apreende o significado através de suas próprias interpretações do que foi observado (Corsaro, capítulo 5, neste volume).

As crianças não somente escreveram dados no meu caderno, mas me diziam o que elas pensam que é importante sobre a cultura de pares para incluir em minhas notas. Portanto, é um belo exemplo de pesquisa com *as crianças comparada* à sobre *as crianças.*

É destacada a importância de uma observação feita no contexto "de dentro", por meio de participação e trocas diretas com o grupo estudado. Entretanto, é preciso perceber que, mesmo na proposta apresentada, o que está acontecendo é um ir e vir, "de fora" e "de dentro", muito adequado e necessário. Na linha de prevenção de riscos potencialmente associados a usos generalizados das novas soluções, deve-se destacar que não basta "estar dentro" para que o entendimento seja alcançado. Ao sistematizar também é necessário um exercício de certo distanciamento. Prova disso está na necessidade de registros de todo tipo, cursivos, filmados e gravados, e na necessidade de avaliações repetidas dos mesmos.

Os dados empíricos obtidos através da observação etnográfica derivam do envolvimento do pesquisador com as formas de vida do grupo, e também desse exercício de sistematização, o que traz algumas vantagens ressaltadas por Corsaro: a descrição exaustiva, a possibilidade de incorporar aos dados a forma, função e contexto do comportamento de grupos sociais específicos; sua captura de dados (em notas de campo e/ou por meio de gravação em áudio ou vídeo) para a análise apurada repetida.

Ainda sobre a questão de observar "de dentro", convém notar que na observação naturalística reconhece-se que é preciso imersão: de certo modo, também estar dentro, estar no contexto significativo para que a compreensão possa ocorrer, de modo totalmente compatível com a noção de descrição densa típica do método etnográfico. Sem isso, a observação não tem e não faz sentido. A questão-chave diz respeito à importância relativa de participar diretamente *versus* ser um observador. Provavelmente, os dois métodos são importantes, implicam níveis diferentes de participação, requerem complementação e podem promover informações diferentes.

Não é objetivo deste texto colocar a observação naturalística do comportamento num status superior aos outros métodos de pesquisa. Acredita-se que o reconhecimento da diversidade de métodos seja crucial

TEORIA E PRÁTICA NA PESQUISA COM CRIANÇAS

para o avanço da ciência com maior precisão dos resultados encontrados, sendo necessário um exame do pesquisador para a escolha dos métodos mais adequados ao seu estudo.

A apreensão da realidade: imersão, recortes, validação

A apreensão da realidade está no cerne dos diversos métodos de observação. Há diferenças nas propostas quanto ao modo de conseguir tal objetivo, que evidentemente requer entendimento dos comportamentos significativos e implica necessariamente seletividade guiada por esse entendimento e pelos objetivos da investigação. O pesquisador precisa estabelecer limites para efetuar o estudo e fazer um recorte da realidade que será pesquisada. Esse processo de representação da realidade precisa ser compreendido a fim de evitar possíveis erros e contribuir para que o pesquisador tome decisões apropriadas no curso da construção de uma pesquisa.

Conforme proposição de Corsaro, a validade das representações abstratas do comportamento (humano) deve se basear na realidade estabelecida com a observação e a análise disciplinada, que gera uma base de dados empírica obtida pela imersão do pesquisador nas formas de vida do grupo. Alguns pontos merecem destaque: os recortes, a validação com a realidade e a imersão no processo em estudo.

Essa idéia de representação da realidade é apreendida de diferentes formas, a depender de a orientação teórica de quem a observa estar de acordo com a definição citada por Carvalho, Império-Hamburguer e Pedrosa (1999, p. 206) de método como um "... pensamento sistemático moldado por um quadro teórico que organiza a experiência com o objetivo de construir um conhecimento compartilhável", sendo o observado "recortado e constituído como dado a partir de um certo referencial de pensamento que retroalimenta e transforma". Assim, um recorte da realidade é feito a partir de determinado instrumento de pesquisa, neste caso a observação, e esta realidade é apreendida sob a ótica de determinada teoria que também organiza esta experiência.

A escolha da observação como um instrumento de pesquisa implica a sua adequação ao referencial teórico que a orienta, à natureza do objeto de estudo e aos objetivos e interesses pessoais do pesquisador, a fim de garantir uma apreensão mais realística possível da realidade em questão e de explicitar o contexto teórico inevitavelmente subjacente. Lição tocante nos foi dada por Hinde (1970), na abertura do compêndio sobre comportamento animal que representou uma das organizações mais importantes do estabelecimento da etologia clássica, ao afirmar que "ao começarmos a observar, começamos a abstrair". O reconhecimento e a explicitação da orientação teórica e do envolvimento do observador devem entrar como elementos importantes nessa equação e dar um novo sentido à noção de objetividade, tirando-a da falsa dicotomia com subjetividade, mas devolvendo-lhe uma qualidade de objetivação facilitadora da validação. Na investigação etnográfica, vão sendo elaborados sucessivos reajustes, decorrentes do método dialético ou interativo-adaptativo. As questões iniciais podem mudar no curso da pesquisa. Como o critério de direcionamento é o da validação cultural, as categorias descritivas não são predeterminadas; derivam de um processo de divisão, classificação e avaliação interativa. Ou, pelo menos, podem ser modificadas durante o percurso. Pontos críticos assentam-se no entendimento do que é validação cultural e avaliação interativa. Merece destaque o comentário de Corsaro de que isso não significa que o etnógrafo não se responsabiliza pela organização dos dados sem um arcabouço analítico inicial. A solução parece estar exatamente na busca de equilíbrio entre estrutura e flexibilidade e no compromisso com a sistematização; o risco de uma interpretação errônea dessa proposta estaria justamente num descompromisso com a sistematização.

Uma palavra final

Na ciência, como na vida, compartilhamentos, significações e vínculos não se separam. A observação etnográfica participante feita por Corsaro, reveladora de aspectos tão essenciais da psicologia infantil, reitera essa união. Não é pequeno o desafio de realização de efetiva análise sistêmica, sem deixar de analisar os fatores e sem perder a objetividade-subjetiva sistematizada, nem o de compreender e assimilar vidas de contribuições: exige um ir e vir constante; um exercício de superação que consiga ir adiante sem perder as conquistas anteriores; requer um esforço envolvido e cooperativo de todo um grupo. Podemos nos guiar usando as lições do desenvolvimento inicial que nos ensinam como é o jeito humano de apreender e assimilar o mundo social e afetivamente referido à nossa volta e nos inspirar na curiosidade emocionada dos bebês, pequenos e envolvidos teóricos que compartilham emoções, sincronizam-se aos parceiros, alcançam e negociam significações, referenciam-se nos outros, vivem efetiva e afetivamente numa cultura de pares e parceiros.

Referências bibliográficas

ARGILAGA, M. T. A. Posición de la metodologia observacional em el debate entre las opciones metodológicas cualitativa y cuantitativa. Enfrentamiento, complementariedad, integración? *Psicologia em Revista*, Belo Horizonte, v. 10, n. 15, p. 13-27, 2004.

BIASOLI-ALVES, Z. M. M. A pesquisa em psicologia-análise de métodos e estratégias na construção de um conhecimento que se pretende científico. In: ROMANELLI, G.; BIASOLI-ALVES, Z. M. M. (Orgs.). *Diálogos metodológicos sobre prática de pesquisa*. Ribeirão Preto: Legis Summa, 1998, p. 135-158.

BORGES, L. M.; DESSEN, M. A. C. Estratégias de observação do comportamento em Psicologia do Desenvolvimento. In: ROMANELLI, G.; BIASOLI-ALVES, Z. M. M. (Orgs.). *Diálogos metodológicos sobre prática de pesquisa*. Ribeirão Preto: Legis Summa, 1998, p. 31-50.

CARVALHO, A. M. A.; IMPÉRIO-HAMBURGUER, A.; PEDROSA, M. I. Dados e tirados: teoria e experiência na pesquisa em psicologia. *Temas em Psicologia*, Ribeirão Preto, v. 7, n. 3, p. 205-212, 1999.

CARVALHO, A. M. A.; RUBIANO, M. R. B. Vínculo e compartilhamento na brincadeira de crianças. In: ROSSETTI-FERREIRA et al. *Rede de significações e o estudo do desenvolvimento humano*. Porto Alegre: ArtMed, 2004, p. 171-187.

CORSARO, W. A. *The sociology of childhood*. Beverly Hills: Sage Publications, 2005.

DESSEN, M. A.; MURTA, S. G. A metodologia observacional na pesquisa em psicologia: uma visão crítica. *Cadernos de Psicologia*, Belo Horizonte, n. 1, p. 47-60, 1997.

GOODALL, J. *Uma janela para a vida*. Rio de Janeiro: Zahar, 1991.

HINDE, R. *Animal behavior* — a synthesis of ethology and comparative psychology. New York: McGraw-Hill, 1970.

KREPPNER, K. Sobre a maneira de produzir dados no estudo da interação social. *Psicologia: Teoria e Pesquisa*, Brasília, v. 17, n. 2, p. 97-107, 2001.

MULHALL, A. In the field: notes on observation in qualitative research. *Journal of Advanced Nursing*, Oxford, v. 41, n. 3, p. 306-13, 2003.

PRETZLIK, U. Observational methods and strategies. *Nurse Researcher*, London, v. 2, n. 2, p. 13-21, 1994.

PICCININI, C. A.; ALVARENGA, P.; FRIZZO, G. B. Responsividade como foco da análise mãe-bebê e pai-bebê. In: PICCININI, C. A.; SEIDL-DE-MOURA, M. L. (Orgs.). *Observando a interação pais-bebê-criança*. São Paulo: Casa do Psicólogo, 2007, p. 131-154.

RIBEIRO, F. J. L.; BUSSAB, V. S. R.; OTTA, E. De colo em colo, de berço em berço. In: SEIDL-DE-MOURA, M. L. (Org.). *O bebê do século XXI e a psicologia em desenvolvimento*. São Paulo: Casa do Psicólogo, 2004, p. 229-284.

ROSSETTI-FERREIRA, M. C. Seguindo a receita do poeta, tecemos a Rede de Significações e este livro. In: ROSSETTI-FERREIRA et al. *Rede de significações e o estudo do desenvolvimento humano*. Porto Alegre: ArtMed, 2004, p. 15-19.

SEIDL-DE-MOURA, M. L.; RIBAS, A. F. P. *Bebês*: ciência para conhecer, afeto para cuidar. Rio de Janeiro: Editora Proclama, 2005.

SEIDL-DE-MOURA, M. L.; RIBAS, A. F. P. A pesquisa observacional e o estudo da interação mãe-bebê. In: PICCININI, C. A.; SEIDL-DE-MOURA, M. L. (Orgs.). *Observando a interação pais-bebê-criança*. São Paulo: Casa do Psicólogo, 2007, p. 103-30.

VALSINER, J. Onde a realidade prevalece: uma nova síntese técnica para a ciência do desenvolvimento. In: ROSSETTI-FERREIRA et al. *Rede de significações e o estudo do desenvolvimento humano*. Porto Alegre: ArtMed, p. XI-XII.

CAPÍTULO 7

Crianças e suas culturas singulares

Marita Martins Redin

Este texto tem como intenção discutir alguns aspectos ligados à metodologia de pesquisa com crianças, especificamente sobre as formas de entendimento do que Corsaro (1997) chama de reprodução interpretativa nas culturas de pares. Procuro chamar a atenção para os aspectos que considero significativos, tanto para a pesquisa, quanto para a prática pedagógica, na perspectiva de uma educação estética, que contemple o sujeito criador. Por mais que proliferem as pesquisas sobre a brincadeira das crianças, sob diversos enfoques, creio que ainda carecemos de elementos que ajudem a dimensionar o caráter de criação possível nas culturas infantis.

Postura do pesquisador em relação às crianças

Corsaro (1997) minuciosamente caracteriza a pesquisa etnográfica, tratando dos procedimentos para a aproximação e entrada no campo, ou melhor, no território das crianças. Descreve e analisa as estratégias de pesquisa que visam, a partir da imersão do pesquisador na vida do grupo, a obtenção de dados empíricos que possam ajudar de forma apurada a detectar elementos que retratem modos de atuação de grupos sociais específicos. Logo, quanto mais detalhada e disciplinada for a observação etnográfica, a captura dos dados, os instrumentos adequados, como gravações de vídeos, fotografias, tanto mais serão ampliadas as possibilidades de aproximação do grupo pesquisado. Nesses procedimentos tudo é importante e depende muito do olhar e da escuta do pesquisador.

Um dos aspectos fundamentais à metodologia da pesquisa etnográfica é a entrada no campo, ou seja, a aproximação do adulto ao universo infantil. Se por um lado não podemos manter neutralidade — já dizia Freire (1997) que não existe essa possibilidade —, como fazer para não nos deixar levar pelo comportamento adultocêntrico que intervém, geralmente de forma dominadora, nos espaços infantis? Como validar culturalmente o grupo pesquisado? Como desenvolver um olhar pesquisador, fazer parte de um grupo, sem invadir sua cultura, mantendo um distanciamento necessário e ao mesmo tempo uma aproximação sensível para capturar momentos significativos que possam ajudar a ressignificar nosso entendimento sobre a infância e suas culturas? Para Sarmento (2007, p. 26), as crianças, embora inseridas numa sociedade globalizada com fortes apelos à homogeneização, produzem culturas próprias, ou seja, "ações dotadas de sentido, processos de representação e artefatos", que estão "para além dos processos de colonização cultural dos modos de vida das crianças pela indústria cultural da sociedade capitalista". Entendo que não é fácil para adultos pesquisadores buscar um afastamento suficiente para não intervir com sua visão de mundo sobre as culturas de pares e ao mesmo tempo buscar uma aproximação necessária que ajude a colher a riqueza desses momentos com as crianças.

Temos uma ideia preconcebida, que é histórica, de que a criança, por sua condição, está sempre à mercê dos ensinamentos adultos. Essa postura desenvolvida através dos tempos, principalmente na sociedade ocidental, nos fez representar a criança como alguém "não cultivado, um ainda selvagem" (Larrosa, 2000, p. 46), o que nos acompanha, mesmo numa situação de pesquisa, em atitudes que nos colocam numa relação supostamente privilegiada em relação à criança. Não se trata de ver quem é mais ou quem é menos, mas garantir e respeitar diferenças, permitindo trocas, o que é muito difícil.

Sob o ponto de vista da sala de aula, numa relação professor/aluno, a criança passa a oscilar, sob o olhar e a expectativa do adulto, entre o seu estatuto de ser infantil ou de desempenhar o papel de aluno (Sacristán, 2005). Talvez venha daí a extrema dificuldade que temos de conceber a brincadeira/jogo em si mesma, sem intencionalidade de depositar nela as culturas escolares. Brougère (2004) resgata a dificuldade da instituição escola e suas tentativas (muitas vezes frustradas) de transformar o espaço escolar em um espaço/tempo lúdico.

Nas brincadeiras entre as crianças, no desenvolvimento das suas culturas lúdicas, acabamos assumindo duas posturas. Ou "deixamos as crianças brincarem livremente" (como se permitíssemos um tempo/espaço de liberdade entre as atribuladas atividades que preenchem o cotidiano escolar), ou planejamos atividades e jogos dirigidos. Nas duas modalidades é comum a nossa intervenção, tomada pela postura e pelo olhar adulto, que por sua vez reflete as relações sociais, culturais em que nos inserimos. Nossa "entrada" nas brincadeiras infantis, seja como participantes, expectadores ou proponentes, não deixa de ser marcada pela pedagogização. Estamos sempre esperando um resultado, o desenvolvimento de alguma habilidade ou competência das crianças, um benefício que possa favorecer a cultura da escolarização (Quais os objetivos da brincadeira/jogo? Para que área do desenvolvimento ela é mais adequada?). Aprendemos que, acima de tudo, o brinquedo serve para desenvolver a socialização entendida até então como aprender a dividir brinquedos, ceder em benefício do mais fraco, esperar sua vez de brincar, entre outras tantas capacidades. Não raro intervimos em benefício do mais fraco e nos incomodamos com atitudes consideradas "egocêntricas". Como educadores, buscamos uma ordem, uma disciplina, e por isso não conseguimos conviver com a não-linearidade, ou com a multiplicidade de significados que as crianças atribuem ao seu entorno. Temos uma herança da psicologia cognitiva tradicional, que nos apresentou uma criança em fases, dentre as quais a do egocentrismo, quando a criança não conseguiria se colocar no lugar do outro ou considerar outros pontos de vista que não os seus (Piaget, 1970). Ainda é corrente essa postura nas intervenções dos adultos durante as brincadeiras e nos momentos de interação das crianças. Educadores querem que elas se socializem, e muitas vezes socializar-se significa evitar conflitos, sentimentos ambíguos e comportamentos que possam sair da ordem. Principalmente em relação às crianças pequenas, é de senso comum usar recursos e organizar espaços e materiais de maneira que menos conflitos sejam gerados, por meio do contato das crianças entre si. Brinquedos suficientes são geralmente disponibilizados para todos, objetos e materiais são distribuídos equitativamente entre as crianças, pertences são identificados com o nome. Em casos de disputas, as crianças são solicitadas a "conversar com o coleguinha" e "emprestar o brinquedo só um pouquinho". Enfim, o poder do adulto está continuamente impedindo, sob o pretexto da necessidade, as "aproximações e afastamentos".

Por outro lado, as crianças buscam maneiras de participar no grupo, procurando estratégias para interagir. Logo, desconhecendo ou desconsiderando o que Corsaro denomina "cultura de pares", o educador não consegue aproveitá-la na sua prática pedagógica, ou seja, não consegue apreender da relação lúdica das crianças elementos que possam ressignificar as suas concepções e práticas. Conhecer as crianças enquanto grupo que se relaciona e cria sentidos e significados para o mundo requer tempo, sensibilidade e, principalmente, desprendimento de um olhar adultocêntrico viciado. Como diz Larrosa (2000, p. 47), aproximar-se daquilo a que "os interpretativos da vida e das rotinas da linguagem nos impedem de prestar atenção". Portanto, aproximar-se do universo infantil requer um olhar de revelação que precisa estar aberto à novidade, para os acontecimentos inusitados, que só se torna possível sem as amarras determinadas por saberes e verdades previsíveis.

Uma das perspectivas mais desafiadoras nas pesquisas de Corsaro é considerar a importância da atividade lúdica entre as crianças, como criação de uma cultura entre as mesmas. Corsaro (1997, p. 95) define como cultura de pares "um conjunto estável de atividades ou rotinas, artefatos, valores e interesses que as crianças produzem e compartilham na interação com seus pares". Embora não possamos deixar de considerar as influências das demais culturas, como a mídiatica, a própria cultura escolar, que também são produzidas a partir das influências dos adultos sobre as crianças, é também necessário considerar esse espaço-tempo de brincadeiras como resistência, como transgressão ao poder adultocêntrico. Portanto, não se trata de isolar as crianças num outro mundo, mas conseguir entender seus movimentos no sentido de interpretar a sociedade da qual fazem parte. Considerar as crianças como um grupo social, que participa da cultura de forma ativa, produzindo mudanças culturais, não é tão simples assim e significa uma mudança de paradigmas em relação à participação das crianças na sociedade. Elas deixam de ser números para estatísticas e assumem um lugar ativo, onde tanto influenciam as formas de viver dos grupos sociais, como são influenciadas por eles.

Protagonismo infantil: "embelezamento da brincadeira"

Corsaro "entra" nas brincadeiras das crianças e se aproxima do que poderíamos chamar de "estética" do brincar. Nesta perspectiva, a criança não é somente vista como um ser de relações, mas como um ser criador, que tem poder e que cria "culturas singulares". Ou seja, nessa dinâmica, crianças compartilham interesses e ideias e realizam atividades num movimento de ir e vir, vivenciando diferentes papéis e tentando, por sua vez, "entrar" naquilo que o outro está fazendo, aprendendo criativamente. As crianças aproximam-se cautelosamente, criam estratégias para se tornar desapercebidas ou invisíveis. Para Corsaro, as brincadeiras entre elas também caracterizam-se pelos movimentos que ele chama de "aproximação-evitação". Em algumas brincadeiras espontâneas esses elementos estão presentes e passam de geração para geração, mesmo em culturas diferentes. Essas formas de brincar, bem como os artefatos, objetos que servem de suportes para as brincadeiras, têm sido estudadas por diferentes pesquisadores, entre eles Brougère (1997, 2004), Kishimoto (1998, 1999), Moyles (2006), Redin (1998), que incansavelmente procuram mostrar o quanto a brincadeira/jogo pode ser vista como cultura ou ligada a ela, refletindo até mesmo uma história social. Mas William Corsaro não se atém aos resultados do ato de brincar das crianças, nem aos artefatos que servem de suporte para as brincadeiras. Busca a dinâmica engendrada no próprio processo, as ações e os sentidos produzidos pelas crianças na relação com seus pares. Nessas brincadeiras de pegar, esconder, fugir, por exemplo, existe um elemento de medo e surpresa, onde os sujeitos que brincam ora se sentem poderosos, valentes, ora estão na posição de fugir e sentir medo. Corsaro acompanha esses movimentos durante as brincadeiras de aproximação-evitação, extraindo daí aquilo que entendo como criação, ou seja a possibilidade de dar sentido e significado ao fazer/estar no mundo.

Para o autor, essas formas de brincar são ricas e criativas, pois não são simplesmente imitação da vida adulta, como muitos autores denominam as brincadeiras de faz de conta. Existe uma dinâmica mais complexa e que se reproduz de maneira "interpretativa" entre as crianças, possibilitando que apreendam com os pares, e numa situação lúdica, "situações de tensão, excitação da ameaça", bem como "o alívio e alegria da fuga". O interessante é que essa cultura é produzida entre as crianças, sem a intervenção direta dos adultos. As crianças aprendem de maneira coletiva, e embora mantenham alguns elementos que identificam as maneiras de brincar, podem mudar e mudam as situações a seu bel-prazer. As crianças gostam dos desafios que elas próprias criam, e o prazer está em poder modificar e criar novas regras e conduzir a brincadeira ao seu modo. Talvez aí se encontre a diferença entre um jogo proposto pelo adulto, com outra lógica, e a brincadeira gerada no próprio grupo de crianças, mesmo que elas, inicialmente, não tenham conhecimento e domínio de todas as etapas. As regras são criadas no decorrer da própria brincadeira.

O faz de conta, como habilidade das crianças mais novas, é o campo privilegiado para a criação. Essas brincadeiras permitem as trocas de papéis, a transferência de lugares, de nomes, permitindo que as próprias crianças se transportem para diferentes espaços e tempos. O "embelezamento da brincadeira" é uma habilidade que, mais tarde, as crianças acabam perdendo ao entrar em contato com as regras do mundo adulto. Mais do que assumir papéis associados às atividades dos adultos, as crianças inovam nos arranjos que fazem, nos materiais que utilizam,

TEORIA E PRÁTICA NA PESQUISA COM CRIANÇAS

tornando essa interpretação criativa. O brincar é em si um ato de criação. Por que os adultos não brincam mais? Talvez alguns ainda brinquem com palavras, com ideias, com materiais, com sons, quando a sociedade do trabalho permite.

As crianças, em certo momento, saem dos espaços familiares e passam para os espaços institucionalizados, que administram a infância. Nessa perspectiva, a cultura produzida ludicamente entre pares deixa de ser espontânea e passa a ser controlada, associada às concepções teóricas que conduzem o olhar, tanto de pesquisadores como de educadores de crianças pequenas. Esse olhar do adulto, além de micro, tenta se aproximar do universo infantil e possui uma perspectiva maior, que precisa rever a infância na sociedade, como opção política. Certamente concepções de mundo, de sociedade, de sujeito, farão diferença tanto nas práticas pedagógicas quanto em ações investigativas.

O que seria então necessário para reverter esse olhar viciado que foi historicamente construído sobre a infância, associada sempre com a falta, com a incompletude e com a necessidade de formatá-la? Não é justamente nessa possibilidade ilimitada do devir que estaria a criação, algo tão difícil de ser contemplado nos espaços institucionalizados, especialmente na escola?

Crianças, pedagogias e culturas de pares

As pesquisas da sociologia da infância, a meu ver, podem desencadear uma espécie de desconstrução de um olhar psicologizado, bem como pedagogizado sobre as brincadeiras infantis, abrindo um espaço para se pensar a infância numa perspectiva de protagonismo. A consideração de culturas da infância, em torno das quais se agregam relações, saberes e artefatos sociais, está se tornando visível e potencialmente importante para a compreensão da infância na sociedade contemporânea. Inventada pela modernidade e modificada histórica e culturalmente, a infância pode ser interpretada e representada de diversas maneiras.

Remeto-me a todas as instituições que são constituídas, formal ou informalmente, e que cumprem alguma forma de regulação dos sujeitos que a elas se assujeitam. Então meu foco se volta para as crianças, sujeitos que nascem em uma cultura, tempo e espaço que regulam o jeito de ser e habitar um tempo-lugar. Pego-me a questionar recorrentemente a respeito de que lugar e tempo estão vivendo as crianças e que mecanismos, dispositivos e institucionalizações atravessam o ser criança hoje. Como e com que elementos essa infância que se desenrola e se desdobra em diversificadas infâncias é atravessada por uma dimensão estética? Seria ainda o espaço do riso, da brincadeira, ou do "embelezamento da brincadeira" um tempo-lugar de criação?

Bachelard (1988) nos mostra que existe uma "poética na infância". O mundo contemporâneo passa por transformações que carecem de poética, onde a divisão entre a infância e a idade adulta está borrada. Postman (1999) aponta para o desaparecimento da infância, enquanto Pinto e Sarmento (1997) discutem a infância numa perspectiva de autoria infantil, considerando culturas pautadas pela ludicidade, pela fantasia do real, pela necessidade de interagir com os outros. A institucionalização da infância está cada vez mais marcada por práticas sociais e culturais globalizadas. Sarmento (2003, p. 54) considera que "as culturas da infância são tão antigas quanto a infância", mas sendo "socialmente produzidas constituem-se historicamente e são alteradas pelo processo histórico de recomposição das condições sociais em que vivem as crianças e que regem as possibilidades das interações das crianças, entre si e com os outros membros da sociedade". Essa perspectiva do autor remete para o caráter dinâmico da cultura lúdica infantil, que, apesar dos paradoxos da globalização, das regras mercadológicas disponibilizando atrativos modelos midiáticos, possui um caráter de criação, ou de resistência próprio das crianças e seus pares. Convivemos com a crescente institucionalização das atividades lúdicas para as crianças, que são comercializadas, agregadas de valor mercadológico. Atualmente paga-se para brincar, para encontrar amigos, para adquirir brinquedos, pois a rua e os quintais deixaram de ser o lugar privilegiado da ludicidade. As pedagogias estão em todos os espaços: nos *shoppings*, na mídia, nas lojas, nos parques, nos clubes e nas escolas infantis. Neste caso, a produção cultural se volta para a criança: atrai, seduz, induz ao consumo de produtos, que se beneficiam com a capacidade de simbolizar e de fantasiar dos pequenos. O tempo de infância é curto e cada vez mais ocupado por novas atividades e exigências. A dimensão lúdica humana, caracterizada pela liberdade de imaginar, fantasiar e poetizar o mundo, e que está na base de todo processo de criação, está cada vez mais restrita e institucionalizada.

Por que brincar é importante para a formação humana e o que a brincadeira como conjunto estável nas relações entre as crianças pode nos ensinar? Uma das características essenciais das crianças ainda é o brincar, atividade na qual elas compartilham e produzem, com seu pares, sentidos e significados para o mundo ao seu redor. Em algumas sociedades o lúdico é integrado à atividade de sobrevivência; o trabalho é que tomou outras características nas grandes cidades, onde o trabalho e o lazer, o brinquedo e o estudo, a atividade livre e a dirigida e a dimensão criativa do trabalho se transformaram em categorias binárias e não complementares. As consequências dessa divisão são cada vez mais visíveis: crises de estresse levam adultos a buscar ajuda com especialistas das mais variadas áreas. As consequências da vida fragmentada, do trabalho produtivo, da sociedade competitiva buscam no lúdico, no jogo, no brinquedo, as "terapias" para recuperar o equilíbrio perdido.

E a escola, mesmo a infantil, não consegue reconhecer a importância do brincar para as crianças. Segundo Vázquez (1997), a característica de humanização é o fazer criativo, que o autor chama de "práxis criativa". O sujeito somente se diferencia dos animais pela capacidade de criar. Essa capacidade se dá pela ação e pela simbolização. Somos seres simbólicos. Somos seres brincantes. É na infância, no seu decorrer, que estruturamos capacidades de ação e simbolização, e o brinquedo é a forma mais completa de lidar com elas. Brincar, portanto, deixa de ser somente um direito para se tornar o espaço de liberdade, de criação. Através da brincadeira a criança mergulha na vida, criando um espaço que expressa, que atribui sentido e significado aos acontecimentos. Brincar também é uma forma de buscar estabilidade emocional, pois certas brincadeiras trazem os elementos necessários para lidar com os medos, a angústia, a surpresa, o abandono, o poder, que são emoções necessárias ao convívio coletivo, ao convívio de pares. Brincar, como uma atividade compartilhada, permite ao ser humano conhecer e reinventar, "reproduzir e interpretar", gerando novas formas culturais entre as crianças. Através do brinquedo, a criança também tem acesso ao passado e ao futuro, revitalizando e inventando o mundo a que almeja. Por isso, a atividade lúdica não pode ser pensada fora do contexto social e cultural da infância.

Algumas dimensões humanas podem ser potencializadas nas culturas lúdicas que circulam entre as crianças, e a escola, como local de convívio entre pares, poderia ser o lócus de produção de culturas singulares, poderia assegurar a dimensão lúdica, o prazer da descoberta, o cômico, a leveza do pensamento, o espantamento. Mas o que tem isso a ver com a infância? A infância deve ser entendida como plural, como constructo social e cultural, e o brinquedo representa o papel que a cultura lhe oferece.

Se acreditamos no potencial que a brincadeira possui, constituindo-se na capacidade de criar, de aprender sobre o mundo e a vida, essas dimensões devem ser cultivadas como possibilidades de se manter a novidade que a infância carrega, como movimento, como vitalidade criadora. A criança que passa o dia todo sozinha, tendo como companhia a televisão, o computador ou um adulto despreparado que somente a comanda, não terá a oportunidade de desenvolver-se com essas dimensões. Por outro lado, a criança de classe social desfavorecida, que passa o tempo todo na rua, convivendo com todo tipo de violência e humilhação, também não terá condições de usufruir uma infância intensa. Há algo mais pleno do que uma criança brincando? Machado (1998, p. 35) escreve que "o brincar dos filhotes de todos os animais é uma imagem bela, que nos emociona, e o brincar da criança humana é estético em si — expressão de uma beleza própria da infância. A estética do brincar está no correr da criança na praia e em seus castelos de areia". E é também entre os catadores de lixo brincando de esconder, dentro das grandes caixas de papelão que acabaram de recolher nas ruas da cidade movimentada e desumana que a criança se humaniza?

As teorias e pesquisas sobre o brincar não se esgotam. Mas como seres simbólicos sempre estamos associando tempo, espaço, materiais e, principalmente, as concepções que temos sobre a infância e as suas interfaces com a cultura e suas relações com os outros e o mundo. Entender a criança e a infância no seu grupo significa também entendê-la no seu contexto necessariamente, mas tentando apontar para outras possibilidades de pensar/fazer uma outra educação.

Referências bibliográficas

BACHELARD, G. *A poética do devaneio*. São Paulo: Martins Fontes, 1988.

BROUGÈRE, G. *Brinquedo e cultura*. São Paulo: Cortez, 1997.

_____. *Jogo e educação*. Porto Alegre: ArtMed, 1998.

_____. *Brinquedos e companhia*. São Paulo: Cortez, 2004.

CORSARO, W. *Sociology of childhood*. Califórnia: Pine Forge Press, 1997.

FREIRE, P. *Pedagogia da autonomia:* saberes necessários à prática educativa. Rio de Janeiro: Paz e Terra, 1997.

KISHIMOTO, T. M. (Org.). *Jogo, brinquedo, brincadeira e a educação*. São Paulo: Cortez, 1999.

_____. (Org.). *O brincar e suas teorias*. São Paulo: Pioneira, 1998.

LARROSA, J. *Pedagogia profana:* danças, piruetas e mascaradas. Belo Horizonte: Autêntica, 2000.

MACHADO, M. M. *A poética do brincar*. São Paulo: Loyola, 1998.

MOYLES, J. R. (Org.). *A excelência do brincar*. Porto Alegre: ArtMed, 2006.

PIAGET, J. *Psicologia e pedagogia*. Rio de Janeiro: Forense Universitária, 1970.

PINTO, M.; SARMENTO, M. J. (Coords.). *As crianças:* contextos e identidades. Braga: Bezerra Editora, 1997.

POSTMAN, N. *O desaparecimento da infância*. Rio de Janeiro: Graphia, 1999.

REDIN, E. *O espaço e o tempo da criança:* se der tempo a gente brinca. Porto Alegre: Mediação, 1998.

SACRISTÁN, J. G. *O aluno como invenção*. Porto Alegre: ArtMed, 2005.

SARMENTO, M. J. Culturas infantis e interculturalidade. In: DORNELLES, L. V. (Org.). *Produzindo pedagogias interculturais na infância*. Petrópolis: Vozes, 2007.

_____. Imaginário e culturas da infância. *Cadernos de Educação*. Pelotas: Universidade Federal de Pelotas, v. 12, n. 21, 2003.

VÁZQUEZ, A. S. *Filosofia da práxis*. Rio de Janeiro: Paz e Terra, 1977.

CAPÍTULO 8

Um adulto atípico na cultura das crianças

César Ades

Tive um prazer especial em ler este texto de Corsaro, um prazer que provém dos relatos vívidos e informais que o autor fornece de seu relacionamento com crianças pequenas, em pré-escolas italianas de Bolonha e Módena, iniciado quando ele simplesmente entrava no pátio, se sentava e esperava que as crianças se aproximassem para fazer perguntas, e desenvolvido ao longo de meses de contato. Os episódios que Corsaro conta giram todos em torno da relação de brincadeira e de amizade que pode se criar entre um adulto e crianças, uma relação pouco descrita e pesquisada, pelo menos quando se considera o quanto se publica a respeito do comportamento de crianças em relação a crianças ou do relacionamento entre pais e filhos[1]. Corsaro nos oferece seu próprio exemplo para ilustrar uma estratégia etnográfica de estudo de crianças, comprometida, sustentada, microscópica e holística, flexível e autocorretiva (são dele os termos), mas,

---

1. Entrei com termos como "amizade adulto-criança" em bases eletrônicas de dados, sem grandes retornos. Encontrei estudos sobre a amizade feminina e a masculina, sobre amizades mistas, interétnicas, amizades em crianças com problemas, em adolescentes, em adultos etc., mas pouco sobre esta amizade que eu gostaria de focalizar aqui.

ao mesmo tempo, ele ilustra, no seu comportamento como pesquisador, um processo através do qual se estabelece uma convergência entre as categorias de adulto e de criança, interessante na medida em que inverte a concepção normalmente aceita segundo a qual a criança é quem penetra no mundo adulto para assimilar o conhecimento constituído. Aqui, é o adulto que, por assim dizer, se faz criança para melhor compreender o que é ser criança. Não é um retorno ao que o adulto foi um dia, mas uma forma de ele estabelecer um contato social diferente e, por meio dele, aprender como se aprende sempre através da interação. Nestas notas à margem do texto de Corsaro (capítulo 5 neste volume), refletirei inicialmente sobre a atitude de observação e sobre as descrições — empíricas e interpretativas — que ele propõe como essenciais para compreender a cultura das crianças, traçando algum paralelo (partindo de um viés meu) com a atitude do etólogo quando se aproxima dos modos de vida curiosos de uma espécie animal. Num segundo momento, passando do metodológico para o plano dos conteúdos sociais, abordarei o relacionamento que pode se estabelecer, sem ser necessariamente paterno ou materno, entre adultos e crianças: é um fato cultural, recebe sua definição e suas normas de acordo com as práticas sociais de certo grupo e de certo momento. Mas provavelmente tenha raízes evolutivas e constitua uma das formas básicas pelas quais velhas e novas gerações trocam informações e criam, a cada momento, uma dada configuração cultural. Sem praticar a etnografia, sou um desses adultos atípicos que se encantam em entrar (e às vezes ser aceitos) no grupo infantil. Este é o motivo pessoal pelo qual achei relevante e provocador o texto de Corsaro.

A atenção microscópica que Corsaro coloca na base do método de campo etnográfico é análoga ao interesse pelos pormenores do comportamento que é tradicional na abordagem etológica, assim como a vocação pela pesquisa de campo, feita dentro do contexto em que o fenômeno se manifesta normalmente. Não trazer o que se quer estudar para um ambiente controlado, preservar a espontaneidade que o define; não olhar rapidamente ou pouco, mas ir construindo uma compreensão ao longo de um contato prolongado que torna o observador tão familiar com o que observa que seja capaz de se representar o seu jeito de ser como se dele participasse.

TEORIA E PRÁTICA NA PESQUISA COM CRIANÇAS

O primeiro olhar é simplificador, os outros revelam a complexidade do fato. É "ir em direção a contatos muito extensos com assuntos reduzidíssimos", na expressão de Geertz (1973), que Corsaro cita. É isto o que o etólogo faz, na primeira e muito criativa parte de sua investigação, anotando tudo, gravando ou filmando para mais tarde descrever melhor. A categorização do comportamento, isto é, a formulação de unidades que possam ser uma base para a quantificação, muitas vezes é entendida como o método por excelência da etologia. Na verdade, ela vem depois de uma fase mais oportunista em que tudo vale e em que o observador se abre para tudo o que ocorre. Aos estudantes que se apressam em querer categorizar e medir, peço que primeiro se exponham ao animal, tentem conhecer os detalhes de sua ação e a variedade de suas sequências de comportamento, em função das circunstâncias.

Lorenz (1971) propunha que, nas fases iniciais da pesquisa, devessem predominar as observações empíricas, minuciosas ao máximo, feitas independentemente de qualquer teoria, para que houvesse fidelidade aos comportamentos estudados. Depois disso é que poderiam ser empreendidas a interpretação e a busca de princípios gerais, numa fase propriamente nomotética. É interessante notar que Lorenz (1971) postula um estágio pré-teórico em que, através de um processo automático que denomina de percepção gestáltica, os pormenores acumulados se integram e ganham sentido. De tanto observar os movimentos de um animal, acaba surgindo uma representação integrada, em que cada movimento se ajusta aos outros e em que o padrão como um todo se associa às condições ambientais relevantes.

A minúcia essencial também vale em descrições do comportamento humano, como, por exemplo, as que Pedrosa e Carvalho (2006) incluem em artigo notável sobre a construção da comunicação durante a brincadeira de crianças. "Alex e Luci inventam uma brincadeira de fazer de conta que dormem, fechando seus olhos e inclinando a cabeça contra o assento. Outra criança (Dani, 2,7) se aproxima do balanço, o empurra, observa a cena por um instante e diz: "Quero brincar também". Ela sobe no balanço e diz a Luci: 'Acorda! Acorda!'" (p. 4). Cada gesto da sequência tem sua importância, e o enredo global (a criação grupal de uma brincadeira) ganha significância a partir da integração interpretativa dos detalhes.

A ideia de Corsaro de que a observação empírica (*thin description*) deva alternar-se com uma observação interpretativa ("*thick description*") obtida pela inserção dos registros em contextos holísticos, segue um caminho epistemológico semelhante ao da observação etológica. Contudo, a intenção interpretativa não é, como normalmente em etologia, encontrar interpretações causais ou funcionais para o que os animais fazem, mas descrever um evento como é compreendido pelos próprios atores. A diferença mereceria uma análise mais aprofundada do que é possível fazer aqui. De qualquer maneira, em ambos os casos ambiciona-se recriar, representar-se o outro, numa espécie de empatia conceitual, na qual se toma extremo cuidado em não fazer dele uma criatura dos nossos conceitos.

A observação participante, que Corsaro coloca como modo de conhecer um grupo "de dentro", é uma estratégia interessante por reduzir a distinção entre observador e observado, e permite ao observador (que, em algum momento, terá mesmo de sair do grupo para voltar a ser cientista) viver na própria pele as contingências da cultura do grupo. Mas às vezes o distanciamento é melhor, é melhor deixar o grupo a si próprio, como no caso das crianças que inventaram a brincadeira de cair no sono. Num estudo sobre reconciliação em crianças pequenas (Fríoli, 1997; Ades, 2007), minha doutoranda de então Paula Fríoli visitava o pátio de escolas públicas e observava as brincadeiras e conflitos da criançada. No começo, do mesmo modo que Corsaro nas pré-escolas italianas, era assediada pelos miúdos: queriam saber quem ela era, como funcionava a sua câmera etc. Mas, como não brincava, foi logo esquecida e tinha a oportunidade de testemunhar episódios em que se evidenciavam o jeito e as regras através das quais as crianças resolviam seus desentendimentos, de uma forma diferente em cada faixa de idade. As resoluções de enfrentamento físico, o caso, por exemplo, de duas crianças puxando um brinquedo, cada qual de seu lado, eram substituídas em parte, em grupos de crianças mais velhas, pelo uso de regras de precedência ou de direito, como "eu peguei primeiro" e, progressivamente, por modos ritualizados de "ficar de bem" e "ficar de mal". Para marcar o final (provisório e rimado) de uma amizade, uma criança podia tocar alternativamente as suas bochechas, dizendo: "Belém, Belém, nem agora, nem no ano que vem!". Para se reconciliar, a mágica dos dedinhos se segurando. Às vezes, quando o grupo não dava conta de resolver um problema de interação, recorria-se à professora, sentada longe. Tenho certeza de que a participação de Paula nos grupinhos teria afetado a maneira como eram levadas adiante as negociações de ruptura e recomposição, tornando-a amarrada à percepção do adulto como mediador. O distanciamento não impede a empatia conceitual. De qualquer modo, o conflito e as reconciliações no pátio da escola constituem um bom exemplo do funcionamento da cultura de pares tal como a conceitua Corsaro.

Corsaro coloca, de uma forma quase libertária, a autonomia do grupo infantil:

> "quando as crianças reconhecem que têm a capacidade de produzir seu próprio mundo partilhado sem depender diretamente dos adultos, transforma-se a própria natureza do processo de socialização. Nunca mais predomina o relacionamento assimétrico entre adultos e crianças. As crianças começam de modo rotineiro a socializar-se umas às outras e aportes e experiências do mundo adulto são interpretados em função das rotinas de uma cultura de pares de complexidade e autonomia crescentes." (Corsaro, 1992, p. 162)

Aportes do mundo adulto... eles estão sempre presentes, formam as condições para o confronto e para o crescimento. E não só o mundo adulto, o mundo das crianças menores, das crianças maiores, o mundo dos meninos no olhar das meninas, e das meninas no olhar dos meninos. Falar em cultura de pares não é estabelecer uma fronteira, mas mostrar como autonomia e negociação se entremeiam.

É fascinante o modo como se dá a intermediação entre estas culturas parciais, cada qual se definindo em contraste com as outras mas ao mesmo tempo assimilando seletivamente a contribuição das outras.

> "As crianças e os jovens se apropriam criativamente da informação proporcionada pelo mundo adulto para produzir suas próprias e únicas culturas de pares. Chamamos este processo de apropriação criativa reprodução

interpretativa. O termo interpretativa transmite o fato de que as apropriações das crianças estendem e aprofundam a informação proveniente do mundo adulto para atender às exigências de seus mundos de pares. O termo reprodução capta a ideia de que as crianças não estão simplesmente internalizando a sociedade, mas ativamente contribuindo para a produção e para a mudança da cultura". (Eder e Corsaro, 1999, p. 521)

E é aí que entram em jogo explorações "etnográficas": uma criança penetra no mundo adulto, um adulto penetra no mundo das crianças. A participação etnográfica que Corsaro nos apresenta é a réplica de um processo, talvez existente em todas as culturas, por meio dos quais adultos e crianças estabelecem um relacionamento especial que eu gostaria de caracterizar como tendo a ver com a amizade.

Tudo começa pela entrada no grupo (Corsaro sentando entre as crianças) ou pelo contato entre um adulto e uma criança. Há pré-requisitos para que o relacionamento se estabeleça. É preciso que o adulto desista um pouco, como num faz de conta, do poder que lhe confere o papel tradicional de adulto, como quem se agacha para falar com crianças, estabelecendo uma proximidade ao mesmo tempo física e simbólica.[2]

É um jogo, e o adulto que joga se destaca, aos olhos das crianças, dos outros adultos distraídos ou reguladores. Torna-se atípico. Mas, cuidado, atípico não significa raro ou anormal; aplica-se a certa categoria de adultos, ou a certa disposição dos adultos em contextos apropriados. As crianças testam os adultos, descobrem muito rapidamente (esta habilidade lhes é essencial) quem brinca e quem não brinca e em que momento é possível brincar. A menininha que colocou uma boneca debaixo da blusa do Corsaro, gritando aos outros; "Olhem, Bill está grávido!" estava também transmitindo: pode-se brincar com ele.

A senha para estabelecer contato pode ser uma inferioridade, real ou de mentirinha. É Corsaro que fala mal o italiano, que leva muitas

---

2. "Os etnógrafos que estudam os jovens têm frequentemente procurado uma forma de desligamento, evitando papéis adultos de autoridade. Esta prática tem várias vantagens importantes. Desligando-se dos papéis adultos de autoridade, os pesquisadores reduzem o desnível de poder inerente na relação entre adultos e crianças. As crianças ganham em não ter o participante no estudo como uma figura adicional de autoridade em suas vidas" (Eder e Corsaro, 1992, p. 527).

TEORIA E PRÁTICA NA PESQUISA COM CRIANÇAS 133

caçoadas da criançada e que, na hora em que tenta cantar uma música em italiano, ganha do professor a nota vergonhosa de *sotto zero!* (abaixo de zero). Ao mesmo tempo em que esta condição de estar precisando aprender algo nivela o adulto ao grupo de crianças, ela suscita nessas um movimento de apoiar e de ensinar que é uma forma de aceitação. Os papéis se invertem de maneira muito natural, e as crianças se tornam, como diz Corsaro, pequenos professores[3]. Aprendi um bocado sobre como construir pipas, em longas conversas com os meninos empinadores da praia da Ponta Negra, em Natal. Mais do que isso, acabei fazendo amizade.

É interessante que as crianças com as quais Corsaro viveu sua experiência etnográfica tenham às vezes duvidado de seu saber. Não adiantou ele afirmar que índios produzem fogo esfregando varas umas nas outras: foi logo tratado de *pazzo*. Dizer então que houve um dia dinossauros nos Estados Unidos! Ter a possibilidade de negar o saber: eis algo muitas vezes negado às crianças em situação escolar e, aqui, um sinal da igualdade do adulto com seus parceiros mirins. Mas não creio que na relação adulto-criança a criança perca um momento sequer a consciência da competência e da força do adulto, e isto mostram-no bem várias das narrativas de Corsaro. O adulto é um quebrador de galhos, um intermediário em relação a outros adultos, um cara que conhece histórias e truques, alguém capaz de pacificar brigas entre crianças pela sua própria presença ou de forma mais ativa, alguém capaz de proporcionar um afeto muito especial, despido de poder, mas não de diferença. Alguém que é aceito enquanto adulto no grupo de crianças por seguir as regras do contato entre mais velhos e mais novos e porque o grupo de crianças tem impressionante competência para assimilar membros diferentes, "atípicos".[4]

---

3. "No início, adoravam rir e debochar dos meus erros de pronúncia. Entretanto, logo se tornaram pequenos professores, que não apenas corrigiam meu sotaque e minha gramática, mas repetiam e até reformulavam suas próprias falas quando eu não conseguia entender. Costumavam se juntar em pequenos grupos chamando os outros e rindo: "Adivinha o que o Bill acabou de dizer!". Rapidamente estávamos nos dando muito bem, e minha confiança em me comunicar com as crianças começou a aumentar". (Capítulo 5, p. 88).

4. Embora evidentemente o grupo tenha também competência para a exclusão, ignorando, desqualificando, criticando...

Alunos mais velhos, em Bolonha, durante uma atividade coletiva, desenharam os professores, as empregadas da escola e o próprio Corsaro, e os desenhos foram colocados num retrato coletivo de *adulti*, perto do retrato coletivo dos *bimbi*. Duas faixas de idade, duas categorias. Eis o que as crianças disseram de Corsaro, quando se tratou de descrever os retratados: "Bill é um homem novo e alto. Tem cabelos negros, olhos castanhos, usa óculos e tem barba. Sempre vem à escola e brinca com as crianças, ele é bonzinho. Bill é americano, não é italiano, entende a língua. Com as crianças, fala italiano muito bem". Corsaro tira, desta descrição e de sua experiência com as crianças a conclusão de que "era visto como um amigo". Quando voltou à escola, depois de mais ou menos um ano de ausência, foi uma festa, com direito a presente, abraços e beijos, como se espera quando volta um velho amigo.

Usarei, para finalizar, um episódio pessoal em que a categoria de "amigo" me foi atribuída por uma menina então com seis anos, Isabella, da qual era (e sou) frequente companheiro de brincadeiras (a ponto de um dia ela, por telefone, me convocar: "César, estou com minhas duas primas aqui e queremos brincar uma brincadeira, tem que ser quatro, você não quer vir?"). Na escola, um dia, a atividade era falar de "ciência". Quando chegou a sua vez, Isabella relatou: "Eu tenho um amigo que se chama César e ele estuda os bichos". E ficou falando de bichos. A mensagem de Corsaro é que há muito que se aprender a respeito das crianças, se tivermos o gosto e a paciência de chegar perto e de observá-las, com um olhar minucioso que tem muito do olhar etológico e se prestarmos atenção à sua autonomia e criatividade enquanto seres culturais. Acho que aprendi um bocado com crianças, entre outras coisas um uso especial da palavra amigo.

Referências bibliográficas

ADES, C. Desde Darwin: um olhar evolucionista para a psicologia. In: BASTOS, A. V. B.; ROCHA, N. M. D. (Org.). *Psicologia*: novas direções no diálogo com outros campos de saber. São Paulo: Casa do Psicólogo, 2007.

CORSARO, W. A. Interpretive reproduction in children's peer culture. *Social Psychology Quarterly*, Washington, v. 55, p. 160-77, 1992.

EDER, D.; CORSARO, W. Ethnographic studies of children and youth: theoretical and ethical issues. *Journal of Contemporary Ethnography*. California, n. 28, p. 520-531, 1999.

FRÍOLI, P. M. A. *Conflito e reconciliação entre crianças pré-escolares*. Tese de Doutorado apresentada ao Programa de Pós-Graduação em Psicologia, Área de Concentração Psicologia Experimental, Instituto de Psicologia, USP, São Paulo, 1997.

GEERTZ, C. *The interpretation of cultures*. New York: Basic Books, 1973.

LORENZ, K. Part and parcel in animal and human societies: a methodological discussion. In: _____. *Studies in animal and human behaviour*. Cambridge: Harvard University Press, 1971, v. II.

_____. Gestalt perception as a source of scientific knowledge. In: _____. *Studies in animal and human behaviour*. Cambridge: Harvard University Press, 1971, v. II.

PEDROSA, M. I.; CARVALHO, A. M. A. Construction of communication during young children's play. *Revista de Etologia*. São Paulo, n. 8, p. 1-12, 2006.

PARTE III

Refletindo sobre a educação na infância

CAPÍTULO 9

Educação Infantil na Itália e nos Estados Unidos: diferentes abordagens e oportunidades para as crianças

William A. Corsaro

As crianças italianas de zero a seis anos podem frequentar dois tipos diferentes de rede educacional.[1] O *asilo nido* recebe crianças dos três meses aos três anos de vida, e a *scuola dell'infanzia* destina-se ao cuidado e à educação de crianças dos três aos cinco anos e onze meses. Nenhum dos dois sistemas é obrigatório. Uma porcentagem bastante baixa de crianças italianas frequenta o *asilo nido* (cerca de 9%, segundo as estatísticas nacionais de 2002), mas essa porcentagem é muito mais alta em Bolonha e Módena (cerca de 38% em 2002), que sempre foram cidades muito progressistas em relação à educação das crianças pequenas. A frequência à *scuola dell'infanzia* é quase universal. Mais de 96% das crianças italianas as frequentaram em 2006, e na Emilia Romagna esse percentual chegou a 100%.

Os demais sistemas escolares são organizados em três níveis. As crianças entram no primeiro nível, *scuola elementare*, quando têm seis

---

1. Para uma comparação entre as nomenclaturas e fases dos sistemas educacionais brasileiro, italiano e americano, ver o Anexo 1 neste volume. (N.T.)

anos, e permanecem nesse nível por cinco anos. Depois frequentam três anos de *scuola media* e cinco anos de *scuola superiore* antes de terem acesso à universidade. A escola *elementare*, a *media* e os dois primeiros anos da escola *superiore* (até os dezesseis anos) são obrigatórios.

Todos os níveis de escolaridade são organizados de forma a garantir certo grau de estabilidade e continuidade para crianças e professores. As crianças podem entrar para o *asilo nido* no primeiro, segundo ou terceiro ano de vida, mas depois do ingresso permanecerão com o mesmo grupo de crianças e professores até o último período (em geral no final do mês de junho de seu terceiro ano de vida). No primeiro ano o grupo é muito menor (dez a doze crianças), já que elas requerem mais cuidado e atenção do que as crianças mais velhas; o grupo aumenta para cerca de vinte crianças no segundo e terceiro anos, com duas a três professoras por turma (ver Gandini e Edwards, 2001, para uma discussão detalhada sobre o cuidado de bebês e crianças pequenas na Itália).

Na *scuola dell'infanzia* em geral se garante ainda mais estabilidade. A grande maioria das crianças entra para a *scuola dell'infanzia* aos três anos de idade, e permanece com o mesmo grupo de crianças e professoras durante três anos. As mudanças que ocorrem eventualmente durante esse período (saída de uma criança ou professora, entrada de outras) são raras, pois a mobilidade geográfica é muito menor do que nos Estados Unidos. Após uma mudança de endereço, os pais poderiam manter a criança na mesma escola, mas teriam que providenciar transporte, pois não há serviço de ônibus.

O mesmo vale para os diferentes níveis da *scuola elementare* e *media*. Cada turma da *scuola elementare* tem duas a três professoras, e todos permanecem juntos durante cinco anos. O agrupamento das crianças é decidido pelas professoras da primeira série por meio de consulta às professoras da *scuola dell'infanzia*. Os critérios principais são composição de gênero e alocação de crianças com necessidades especiais. Os pais não são consultados quanto a esses agrupamentos iniciais.

Todos os níveis do sistema escolar são públicos, com a exceção de pouquíssimas escolas privadas confessionais. É difícil fazer afirmações

TEORIA E PRÁTICA NA PESQUISA COM CRIANÇAS

gerais sobre a natureza das escolas privadas, devido à grande diversidade de suas características em regiões diferentes. Podemos dizer, no entanto, que a maioria das crianças frequenta escolas públicas, especialmente na *scuola elementare*.

A *scuola dell'infanzia* compreende quatro tipos diferentes, dois públicos e dois privados: escolas públicas estatais, cujos professores são funcionários do estado; escolas públicas municipais, com professores empregados pelo município; escolas privadas católicas, com professores contratados pelas escolas; e escolas cooperativas, isto é, escolas privadas com professores regulares, organizadas por associações envolvidas com trabalho social. As pré-escolas públicas são estatais, inteiramente sustentadas pelo "governo central" do estado ou do município, mas as escolas privadas também recebem algum apoio do governo local desde que sigam os regulamentos de qualidade da educação (por exemplo, não podem ter mais de 25 crianças por turma, têm que aceitar crianças com necessidades especiais e têm que garantir a programação diária). Além disso, para que recebam subsídios, seus professores precisam frequentar vinte horas por ano de formação organizada pelo governo municipal. As escolas privadas católicas recebem do governo uma ajuda de cerca de 12% de seu orçamento total, e as escolas privadas cooperativas recebem uma porcentagem bem maior (quase 60%).

Em Módena há 34 pré-escolas públicas (22 municipais e 12 estatais) e 24 escolas privadas (20 católicas e quatro cooperativas); o número de escolas públicas em Módena, Bolonha e em toda a região da Emilia Romagna está entre os mais altos da Itália. Em outras regiões, e principalmente no Sul da Itália, a porcentagem de escolas privadas (em especial as católicas) é muito mais alta. No ano em que coletamos dados na *scuola dell'infanzia* em Módena (1995-96), 55,6% da população com idade de três a seis anos frequentava escolas públicas (43,9% em escolas municipais e 11,7% em estatais), e 43,9% frequentavam escolas privadas, principalmente as católicas (38,8%). O número total de crianças que frequentaram a pré-escola naquele ano foi de 99,5%, e atualmente está um pouco acima de 100% (devido a algumas crianças imigrantes que não são residentes oficiais mas foram aceitas nas escolas).

Já os Estados Unidos têm um programa muito limitado de pré-escolas em nível federal para crianças de três e quatro anos de idade, e alguns estados atendem crianças de cinco anos de idade como parte da primeira etapa da escola obrigatória. Em primeiro lugar, o programa Head Start para crianças economicamente desprivilegiadas oferece principalmente atendimento de meio período para crianças de quatro anos e para algumas crianças de três anos. Head Start é visto como um programa compensatório ou de intervenção em favor de crianças pobres que se acredita estarem menos preparadas do que outras crianças americanas para ingressar na primeira etapa da escola obrigatória. A ideia é, portanto, que tais crianças necessitam de uma vantagem inicial para se igualar à maioria das crianças da classe operária e das classes média e alta. Estudei os programas do Head Start em Indiana e comparei a cultura de pares e a preparação das crianças para a transição para a primeira etapa da escola obrigatória nesses programas com os programas da Itália (Corsaro, 1994; Corsaro, Molinari e Rosier, 2002). Apesar do alcance limitado e de seu currículo compensatório, pude concluir que as crianças pobres e de minorias realmente se beneficiam com a participação no Head Start. Os maiores benefícios dizem respeito ao desenvolvimento de habilidades sociais e orientação para a alfabetização.

O programa Head Start aumentou várias vezes sua abrangência desde sua implementação nos anos 1960. No ano 2000, o governo federal alocou 5,3 bilhões de dólares para o Head Start, o que representa cerca de um quarto de todos os subsídios federais e estaduais para o atendimento à infância e educação (Helburn e Bergmann, 2002). Outros subsídios destinam-se a prover atendimento à infância para crianças pobres em nível estadual por meio do Capítulo XX do Social Security Act, a critério de cada estado. Finalmente, o governo federal fornece o *dependent care tax credit* (crédito fiscal de cuidado a dependentes), custeado pela arrecadação federal de impostos, e que oferece alguns benefícios para as classes média e alta em termos de custos de cuidados à infância e custos educacionais iniciais. A maior parte da classe operária e dos pais pobres não se beneficia desta dedução de impostos porque paga pouco ou nenhum imposto de renda, embora pague taxas federais administrativas e outras taxas em nível estadual.

Os Estados Unidos estão muito atrás da Itália quanto à oferta de programas de pré-escola para crianças de três e quatro anos de idade. Portanto, a maioria das famílias é obrigada a conseguir por conta própria os meios para o cuidado/educação das crianças em um sistema de mercado aberto. Numerosos estudos verificaram que o cuidado/educação das crianças em creches ou pré-escolas em um sistema de mercado são de qualidade baixa ou medíocre e ao mesmo tempo representam uma porcentagem alta da renda total para muitas famílias, exceto para a classe média alta e para os mais ricos (Brauner, Gordie & Zigler, 2004; Blau e Mocan, 2002; Helburn e Bergmann, 2002).

O custo dos programas privados de atendimento à infância nos Estados Unidos varia de 4 mil a 8 mil dólares por ano para cada criança e pode ser bem mais alto no caso de programas de elite. Estes custos são semelhantes ao custo anual da educação universitária subsidiada pelo Estado, considerado a principal despesa para a maioria das famílias americanas de hoje.

A remuneração e a formação docente nos programas particulares de pré-escola também variam muito. A formação docente se limita normalmente ao diploma da *high school*, sem nenhum curso especial sobre desenvolvimento infantil. Entretanto, nas escolas particulares mais caras os professores têm, normalmente, alguma experiência universitária, ou um diploma universitário com formação em pré-escola. A remuneração é muito baixa, especialmente se comparada aos professores da primeira etapa da escola obrigatória, e varia de 12 mil (ligeiramente acima da linha de pobreza) a 20 mil dólares brutos por ano. A maioria dos programas de pré-escola não oferece o benefício de seguro saúde a seus empregados. Devido aos baixos salários e à ausência de benefícios, não surpreende que a rotatividade de professores seja alta: por volta de 50% ao ano em centros de qualidade média ou baixa, e cerca de 25% em centros de alta qualidade.

Os programas curriculares nas pré-escolas particulares variam de simples cuidados de custódia, passando por programas de desenvolvimento alinhados com a teoria piagetiana, até programas altamente estruturados (como as escolas montessorianas) que objetivam primariamente a preparação das crianças para a alfabetização e a primeira série. Já foram feitas tentativas de importar o modelo italiano, alinhado com a abordagem da Reggio Emilia, para a primeira etapa da escola obrigatória de caráter privado (Caldwell, 2003; Edwards, Gandini e Forman, 1998).

Os programas para crianças de cinco anos, que fazem parte da primeira etapa da escola obrigatória, variam muito entre os estados, com cerca de 55% destes oferecendo programas de tempo integral e o restante oferecendo apenas programas de meio período. Os critérios de idade para admissão em cada estado também variam muito, e em vários deles este estágio não é obrigatório. As inscrições variam entre meros 53% a 100%, com a maioria absoluta dos estados apresentando taxas de frequência de pelo menos 80% (Vecchiotti, 2003). Alguns poucos estados atualmente já oferecem ou estão começando a tomar a iniciativa de oferecer pré-escola universal para crianças de quatro anos de idade (ver Gormley e Phillips, 2003; Raden, 1999; Vecchiotti, 2003).

Os Estados Unidos estão muito aquém da Itália em termos de programas de educação pré-escolar que enriqueçam as experiências intelectuais, sociais e culturais das crianças e que as preparem para a transição para a primeira série. Além disso, os programas frágeis e não integrados nos Estados Unidos fracassam no apoio às famílias monoparentais e às famílias em que pai e mãe trabalham (especialmente as da classe operária), que têm grande necessidade de atendimento infantil de qualidade. Isto se deve à diferença de valores culturais entre Estados Unidos e Itália no que se refere os direitos da família e à responsabilidade dos programas governamentais no auxílio às famílias com o cuidado e educação das crianças pequenas. Em termos de valores e atitudes a respeito de creches, é digno de nota que o governo americano alocou milhões de dólares em bolsas de pesquisa para avaliar os possíveis efeitos negativos de cuidados infantis não maternais nos anos anteriores à escola obrigatória.

Por exemplo, um estudo do National Institute of Child Health and Human Development Early Child Care Research Network (2003) estabeleceu que quanto maior o tempo que as crianças em idade de educação infantil passem sob cuidados não maternais (não importa que outro tipo de cuidado), maior a manifestação de problemas e conflitos apresentados mais tarde pelas crianças em casa e no ingresso na primeira etapa da escola obrigatória, segundo relatos de pais e professores. Estes resultados são difíceis de interpretar. Eles estão no limite da significância estatística; profissionais treinados, observando as mesmas crianças, não encontraram os problemas de comportamento e conflitos significativos que os professores relataram, e é impossível determinar se os resultados relatados por pais e professores se relacionam ao fato de as crianças terem sido submetidas aos cuidados não maternos muito precocemente ou se apenas passaram períodos mais longos submetidas a tais cuidados. A questão da idade é importante, porque na Itália (e em quase todos os países da Europa) há períodos substanciais de licença-maternidade remunerada, o que não ocorre nos Estados Unidos (Kamerman, 2000). Portanto, os resultados negativos podem resultar da inexistência, nos Estados Unidos, de licença-maternidade remunerada para os pais durante o primeiro ano de vida das crianças.

De qualquer forma, esse estudo e outros semelhantes, seu financiamento extensivo custeado pelo governo federal e a atenção que eles recebem da imprensa americana não têm contrapartida na Itália. Na verdade, em vez de considerar os cuidados não maternos como um problema social em que o governo deve investir com o objetivo de estudá-lo, a Itália aloca verbas que permitem que as mães trabalhadoras fiquem em casa com seus filhos nos primeiros meses. Também, oferece o *asilo nido* quando a mãe volta ao trabalho, para crianças de 18 meses a três anos de idade, e *scuola dell'infanzia* para todas as crianças de três a cinco anos e 11 meses de idade. Entretanto, as diferenças de investimento nas famílias e na qualidade de vida das crianças pequenas nesses dois países vão além de diferenças de valores culturais. Valores são apenas uma parte da equação da pré-escola na Itália e nos Estados Unidos. Também são importantes as variações nos resultados de lutas políticas e relações de poder que afetam o desenvolvimento de várias políticas de bem-estar social (Corsaro e Emiliani, 1992).

Em uma nação americana conservadora, o controle republicano do Congresso durante grande parte dos últimos quarenta anos, assim como o também frequente controle dos republicanos sobre o Executivo, operaram contra o desenvolvimento de programas de bem-estar social que afetam as crianças pequenas, como a licença-maternidade, creches e pré-escolas. Na Itália, a força dos sindicatos, os governos de coalisão de centro com a esquerda e a direita e, em alguma medida, o poder da Igreja Católica, desempenharam um papel no desenvolvimento e implementação de legislação que estabelece programas estatais abrangentes de bem-estar social, viabilizando licença-maternidade, creche e pré-escola (Corsaro e Emiliani, 1992; Della Sala, 2002; Gandini e Edwards, 2001; Pistillo, 1989).

Disto resulta a existência na Itália de um conjunto abrangente e coordenado de programas que investem localmente nas crianças pequenas, o que não ocorre nos Estados Unidos. Em períodos de dificuldade econômica na Itália, os programas para a infância, assim como todos os programas sociais, são reavaliados e podem sofrer algum corte. Entretanto, os programas para famílias e crianças não têm sido seriamente ameaçados, mas, em muitos casos, expandidos. Em contraste, nos Estados Unidos, recessões econômicas e a aversão generalizada da maioria dos americanos ao aumento de impostos tornam difícil carrear apoio político para novos programas, mesmo quando há uma demanda pública substancial por eles (Brauner, Gordic e Zigler, 2004).

Dadas as diferenças de valores culturais, assim como a realidade das diferenças no sistema político-econômico e estruturas de poder na Itália e nos Estados Unidos, não se pode esperar realmente que algo como o programa universal de pré-escola ou o financiamento estatal das escolas na Itália possa ser facilmente estabelecido nos Estados Unidos. Entretanto, há algumas iniciativas e propostas atuais que poderiam nos aproximar um pouco do sistema italiano, que passo a descrever mais detalhadamente a seguir.

História da *scuola dell'infanzia*

Em março de 1968, o Parlamento italiano aprovou a Lei n. 444, que reconhecia oficialmente o direito do estado de envolver-se diretamente na pré-escola. Emendas posteriores a essa lei estabeleceram orientações

TEORIA E PRÁTICA NA PESQUISA COM CRIANÇAS

(*orientamenti*) para as atividades educacionais em pré-escolas estatais. O desenvolvimento da pré-escola na Itália associa-se claramente a tendências sociais e econômicas. A Itália passou por um processo rápido de industrialização nos anos 1950 e início dos 1960. Nesse período, frequentemente denominado o "milagre italiano", houve migração em massa das áreas rurais para as cidades (e do Sul para o Norte), à medida que os trabalhadores trocavam o trabalho rural por empregos na indústria e manufatura pesadas. Essas mudanças econômicas tiveram um impacto profundo sobre a qualidade de vida dos italianos. Ao passo que, no início dos anos 1950, um comitê parlamentar para a pobreza declarou que, em cada oito famílias, uma vivia em "extrema pobreza"; na década de 1960 a Itália tinha "atingido um perfil econômico geral e um padrão de vida comparáveis aos dos países capitalistas avançados" (Hellman, 1987, p. 357). Ao mesmo tempo, a Itália tornou-se crescentemente uma sociedade de consumo, com aumentos significativos na propriedade de veículos, televisões, telefones e outros bens. Essas mudanças tiveram efeitos significativos sobre a família, especialmente no sentido de uma clara tendência de substituição de uma estrutura familiar extensa por uma estrutura nuclear. Esses desenvolvimentos trouxeram uma revisão de concepções sobre infância e um consenso crescente quanto à necessidade de pré-escola.

Dadas as mudanças decorrentes da industrialização rápida, o clima político dos anos 1960 e os movimentos educacionais progressistas que existiam no Norte do país, o momento estava maduro para a legislação que previa a implantação da pré-escola. Em 1962, constituiu-se um governo de centro-esquerda que decidiu retomar uma iniciativa legislativa anterior a respeito do envolvimento direto do estado com a pré-escola. Essa proposta resultou do crescente interesse pela experimentação educacional por parte de governos locais, mais especificamente nas áreas do Norte controladas pela esquerda. Logo, a história da *scuola dell'infanzia* em Bolonha e Módena, e em alguma medida em toda a região da Emilia Romagna, tem raízes profundas no contexto social e cultural da comunidade mais ampla. Desenvolvimentos notavelmente progressistas na pré-escola ocorreram particularmente nessa região. Em Bolonha, a maior cidade da região, o número de pré-escolas controladas pelo governo dobrou nos anos 1960, impelido pelos escritos de filósofos educacionais como Bruno Ciari. Ele acreditava que a pré-escola era uma forma de oferecer a cada criança, independentemente da sua trajetória de vida, "uma base cultural comum a partir da qual possa crescer como pessoa e como cidadã" (Pistillo, 1989). Defendia ainda a gestão social municipal de toda a vida educacional, com participação ativa dos pais por meio de assembleias e comitês (Baldisserri, 1980). Esse movimento progressista foi estimulado também por desenvolvimentos semelhantes que ocorriam na mesma época em outros países europeus, especialmente Alemanha e França (Mozère, 1984). O poder da Igreja Católica e sua aliança com o Partido Democrata Cristão, que estava no poder nessa época, também foi fundamental. A Igreja controlava praticamente todas as pré-escolas criadas antes dos anos 1950, e se opunha fortemente a quaisquer tentativas de controle governamental (Pistillo, 1989). Durante os anos do "milagre econômico", a Igreja argumentava que os problemas sociais decorrentes da industrialização rápida seriam enfrentados mais eficientemente por meio da expansão das escolas privadas sob sua direção. É importante notar aqui que a Igreja nunca questionou a necessidade de pré-escolas (isto é, de programas educacionais para crianças entre três e cinco anos). Na verdade, a Igreja enfatizava a *necessidade de tais instituições sob seu controle:* primariamente como forma de educação compensatória para crianças pobres, mas mais tarde para atender funções mais gerais de socialização e educação que não podiam ser providas adequadamente pela família devido às mudanças sociais e econômicas no país (Corsaro e Emiliani, 1992).

A história da *scuola dell'infanzia* em Módena começa antes da aprovação da Lei n. 444 em 1968. No início dos anos 1960, a cidade registrou um crescimento rápido no trabalho feminino. Muitas mulheres começaram a trabalhar naquele período, tanto fora de casa (em fábricas) quanto dentro de casa (como artesãs, especialmente para a indústria têxtil). Assim, a pressão sobre o governo local para que apoiasse o cuidado às crianças aumentou dramaticamente. O governo local investiu em programas de atendimento à criança em Módena a partir do início de 1964, quando foram criadas duas *scuole dell'infanzia*. O governo local não tinha fundos para abrir escolas, mas decidiu fazer novos investimentos, em consonância com as políticas gerais das regiões controladas pela esquerda, que dedicavam muito esforço ao atendimento de necessidades sociais da população. Essas primeiras escolas abertas em 1964 situavam-se em áreas da cidade onde as próprias mães faziam passeatas com seus filhos, pedindo escolas e pré-escolas públicas.

O número recorde de escolas municipais em Módena ocorreu no período entre 1970 e 1980, quando havia 33 pré-escolas. Mais tarde, algumas escolas tiveram que ser fechadas por razões de segurança (não tinham sido construídas de acordo com as leis mais recentes de segurança em prédios públicos), e na segunda metade da década de 1980 houve também um declínio na taxa de nascimentos. Depois de 1990 houve um novo aumento de reivindicações de pais por escolas municipais, devido tanto ao grande número de imigrantes, quanto ao lento aumento na taxa de natalidade.

Módena e Bolonha (e, claro, Reggio Emilia) foram as cidades mais progressistas da Itália não só pela criação de escolas municipais, mas também pela formação docente e pela forte ligação entre escolas e famílias. Os *istituti magistrali*, escolas de curso normal de Ensino Médio com duração de quatro anos, foram criados no final dos anos 1970, e são responsáveis pela formação da maioria dos professores atuais em toda a Itália. O primeiro ano de atuação na escola também é normalmente considerado um período de formação docente.

Antes dessa época, os professores precisavam ter três anos de escola normal para se preparar para um teste de competência exigido como parte do processo de emprego no sistema escolar. Em 1968, quando começaram as escolas estatais, havia em toda a Itália apenas sete escolas públicas para a formação de professores para o teste de competência; todas as outras escolas desse tipo (cerca de 200) eram dirigidas pela Igreja Católica. Uma das controvérsias entre o governo local de Módena e o controle, pela Igreja, da maioria das escolas, referia-se à formação de professores e à exclusão de homens da pré-escola pelo governo. A exclusão de homens implicava uma orientação com ênfase em acolhimento/proteção, com mulheres oferecendo segurança e apoio emocional às crianças dessa faixa etária. Essa orientação foi vigorosamente combatida pelos progressistas que defendiam pré-escola em vez de programas de acolhimento/proteção. A partir de 1968, o governo local de Módena organizou um programa específico de formação de professores, que se submetiam então a um exame final em uma das sete escolas públicas. Em 1972, Módena foi também a primeira a exigir dois professores em cada turma em escolas urbanas; eles deveriam passar no mínimo quatro horas diárias juntos na mesma turma. Essa exigência melhorou a qualidade dessas escolas de diversas maneiras. Em primeiro lugar, reduziu a proporção criança-professor, de forma que cada uma podia receber mais atenção individualizada. Em segundo lugar, encorajou a cooperação entre professores para associarem seus diversos talentos no planejamento de currículo e projetos escolares inovadores. Os frutos dessa cooperação se multiplicaram quando os dois professores trabalhavam juntos por quatro, cinco ou mais anos, como ocorreu com muitos deles.

Em 1998 ocorreu uma mudança importante nas exigências para a formação docente para a pré-escola e primeira etapa da escola obrigatória. Sob a nova lei da pré-escola os professores devem frequentar quatro anos de formação, em nível universitário, em Ciências da Educação, e ser aprovados em um teste de competência antes de passarem a ensinar.

A forte ligação entre as pré-escolas e as famílias em Módena e Bolonha (bem como em outras partes da Itália) é garantida pela organização, em cada escola, do *consiglio di gestione*, iniciado em 1968. Trata-se de um comitê organizado e dirigido diretamente por pais, segundo um plano preciso, que inclui entre seus objetivos promover atividades nas escolas, avaliar as atividades educacionais e facilitar as relações entre pais e professores. Os comitês de cada escola reúnem-se três vezes por ano, e são compostos por três pais para cada turma (eleitos anualmente pelos pais), um professor para cada turma e um membro da equipe de apoio (grupo de pessoas que fazem a limpeza e servem comida nas escolas).

Estrutura e organização da *scuola dell'infanzia*

As *scuole dell'infanzia* funcionam de 8 a 10 horas por dia, cinco dias por semana. Entretanto, algumas escolas (especialmente no Sul) funcionam 5 horas e não oferecem refeição na hora do almoço. A maioria das escolas funciona do começo de setembro até o final de junho. Os dados para este estudo foram coletados em uma escola pública municipal em Módena. Os pais matriculam seus filhos na escola municipal em janeiro ou fevereiro do ano em que eles completarão três anos de idade. A criança é colocada em uma lista organizada segundo vários critérios, sendo que os mais importantes são a proximidade entre a residência e a escola e a matrícula de outro filho na mesma instituição ou em outra localizada nas proximidades. A renda familiar não constitui critério para aceitação nas *scuole dell'infanzia*. Crianças que não são aceitas nas escolas municipais têm a possibilidade de escolher entre uma escola particular ou uma escola pública estatal.

As escolas municipais não aceitam mais do que 25 crianças por turma com dois professores. Pode haver exceções caso haja um número extraordinário de crianças inscritas, chegando-se a turmas com 29 crianças e três professores. As escolas garantem professores adicionais também para turmas que incluem uma criança que requer atenção especial. Em Módena, as escolas municipais têm normalmente três ou quatro turmas divididas por idade. A relação criança-professor é muito baixa; em 1995-96 (quando da coleta de dados), era de 11,7 crianças para um professor. Nessas escolas as crianças chegam antes das 9 horas e permanecem até as 16 horas. Se horas extras de cuidado são necessárias e documentadas, a criança pode chegar entre 7h30 e 8 horas e permanecer na escola até as 18h. As crianças fazem três refeições na escola: café da manhã às 9 horas, almoço ao meio dia — preparado por uma cooperativa fora da escola e entregue em embalagens especiais — e um lanche às 15h30.

Há uma grande variedade de atividades nas *scuole dell'infanzia*. O currículo geralmente cobre vários campos: arte, literatura, ciências, matemática, lógica e atividades físicas. As crianças de cada grupo etário têm duas horas semanais de música, com um professor especializado; crianças de quatro e cinco anos também têm aulas de inglês (uma hora por semana para os de quatro anos e duas horas por semana para os de cinco), ministradas por professores que têm inglês como língua materna. Além do mais, ocorrem anualmente muitas excursões escolares: visitas a museus, à catedral, ao teatro ou a uma fazenda, para citar apenas algumas.

A administração da cidade paga cerca de 500 euros mensais para cada criança que frequenta a pré-escola; um pai na faixa mais elevada de renda paga 95 euros por mês, o que corresponde ao custo das refeições. Há um valor menor, de 60 euros por mês, para as famílias com renda média, e as famílias com renda baixa não pagam taxa alguma. Pede-se também aos pais que paguem 10 euros por mês, segundo decisão (desde 1994) do Consiglio di Gestione. O Comitê de cada escola decide autonomamente como usar esta receita (para promover atividades específicas como esportes ou música, ou financiar projetos especiais).

Os professores recebem cerca de 1000 euros mensais líquidos (13 meses por ano contando-se o bônus de Natal). Eles desfrutam de todos os benefícios de funcionários públicos na Itália (seguro-saúde, licença-maternidade, férias e aposentadoria). Trabalham 35 horas por semana, 30 horas com as crianças e 5 em outras atividades (reuniões com pais, cursos de formação específicos, planejamento de atividades). A rotatividade de professores é muito baixa. Em Módena há professores que trabalharam nas escolas municipais por até 25 anos. Os professores só podem mudar de escola no ano em que estão começando com um novo grupo de crianças de três anos de idade. Os professores, como todos os funcionários públicos na Itália, não podem perder o emprego ou ser demitidos (devido a uma redução do número de crianças, por exemplo), exceto por violações muito graves em seu trabalho.

Os salários dos professores da pré-escola são semelhantes aos dos professores da primeira etapa da escola obrigatória e incluem os mesmos benefícios. Apesar de ser difícil avaliar seu *status* ou prestígio em comparação com os professores da *scuola elementare* ou *media*, a pré-escola na Itália (especialmente no Norte) é muito valorizada em comparação com os Estados Unidos. Vários fatos básicos apoiam este ponto de vista, como a participação de quase 97% das crianças entre 3 e 5 anos nos programas de pré-escola e o apoio governamental para quase todos os custos da pré-escola na Itália, comparado ao apoio financeiro mínimo a esses programas nos Estados Unidos. Em geral, o *status* dos professores de pré-escola é semelhante ao dos professores da primeira etapa da escola obrigatória, mas não tão alto quanto o dos professores da *scuola media*.

Vários teóricos proeminentes da educação na Itália (Bertolini, 1984; Frabboni, 1984) remontam a teoria educacional atual da Itália ao trabalho clássico de Owen, Fröbel, Agazzi e Montessori, para então delinear o que pode ser mais bem descrito como uma visão ecológica do desenvolvimento infantil (Bronfenbrenner, 1979). Nesta visão, a *scuola dell'infanzia* é um contexto educacional importante para o desenvolvimento social, afetivo e cognitivo da criança, não se limitando ao desenvolvimento intelectual. A *scuola dell'infanzia* é, antes, vista como um lugar de vida para a criança. Atividades como brincar, comer e trabalhar juntos são consideradas tão importantes quanto as tarefas intelectuais individuais. Esta orientação municipal é desenvolvida de forma mais completa por uma comissão nacional de educadores constituída para avaliar os *orientamenti* de 1968, que sublinham o relacionamento entre a *scuola dell'infanzia*, a família e a comunidade (Report, 1989).

A filosofia educacional das *scuole dell'infanzia* em Módena pode ser resumida em alguns pontos importantes. Primeiro, o foco na criança. A ideia principal que norteia o planejamento do trabalho educacional na *scuola dell'infanzia* é que a criança participa de seu próprio aprendizado. Nos anos 1970, o educador pioneiro Loris Malaguzzi (1998), fundador das famosas *scuole dell'infanzia* em Reggio Emilia (ver Mantovani, 1998, uma coleção de artigos apresentados em uma conferência organizada em homenagem a Malaguzzi após sua morte), tornou-se coordenador da primeira *scuola dell'infanzia* em Módena e promoveu a visão de que a escola não era uma espécie de "segunda família" e que a professora não era uma "mãe substituta". Ele acreditava que a pré-escola é um lugar onde as crianças devem ter a oportunidade de aprender sobre a vida. No início dos anos 1970, Malaguzzi encontrou escolas que tinham pouco material disponível e poucos recursos financeiros. Assim, uma de suas primeiras atividades foi se encontrar com as famílias para reunir recursos (livros e contribuições financeiras) e discutir maneiras de organizar atividades na escola. Desta forma, sua primeira contribuição foi aproximar as famílias das pré-escolas para planejar o futuro delas.

Um segundo foco é o contexto social e cultural. Entre as ideias mais inovadoras das primeiras escolas desenvolvidas nessa área está a de escola aberta. Já em 1968 os pais podiam entrar na escola, levar suas crianças para a sala todas as manhãs, falar com os professores, trazer e trocar materiais e assim por diante. Isto contribuiu para a criação de fortes vínculos entre as famílias e as escolas, que se evidenciaram na criação do *consiglio di gestione*, onde os pais expunham suas ideias, opiniões e avaliações sobre a escola. A colaboração entre a escola e o contexto social permanece viva até hoje e focaliza a importância do desenvolvimento social, afetivo e emocional, e não apenas do aprendizado cognitivo.

Em terceiro lugar, há um foco na formação de professores. Já mencionei o fato de que os professores estão em contínua formação todos os anos. Nos anos 1980, Sergio Neri (2001) começou a trabalhar em um projeto com professores em Módena, baseado na ideia de que eles precisavam de especialização em algum campo específico (que poderia ser arte, música, lógica ou outros) e que, por meio de trocas de experiências de especializações entre os professores, as escolas ganhariam em qualidade e interesses. Mais de vinte anos atrás, portanto, muitos cursos de especialização diferentes se constituíram. Alguns professores continuam seguindo essa orientação e se tornaram excepcionalmente bem preparados em seus vários campos de especialização, de tal forma que estes constituem um dos interesses de suas vidas, além de seu trabalho na escola. Qualquer pessoa que visite uma escola pode facilmente ver exemplos impressionantes de arte, literatura e ciências naturais em exposições e exibições. Em cursos especializados, entretanto, os professores aprendem não apenas matérias específicas, como arte, por exemplo, mas também como ensinar arte para as crianças, por meio de um método que, partindo do interesse delas, chega a uma produção de materiais e artefatos de qualidade especialmente elevada.

Finalmente, há um foco na construção de um forte relacionamento entre as escolas e a comunidade. As escolas são abertas, não apenas às famílias, mas também à comunidade mais ampla. Crianças e professores podem frequentemente ser vistos na cidade, visitando exposições ou museus, ou apenas correndo, brincando e desenhando em parques públicos. Mas o que é mais importante é que suas atividades e artefatos são altamente valorizados pela comunidade. Em 2002, todas as escolas municipais em Módena participaram de um projeto especial: elas foram solicitadas a projetar e produzir um modelo de banco para os pontos de ônibus para que as pessoas pudessem aguardar sentadas a chegada do ônibus. Os professores reuniram centenas de páginas de discussões, ideias e opiniões sobre o que as crianças achavam importante para o projeto dos bancos. As crianças disseram muitas coisas diferentes: elas queriam um banco para tomar sorvetes; um banco com travesseiros; um banco muito confortável; um banco que pudesse acomodar muitas pessoas diferentes, como uma criança, um avô muito alto, uma pessoa muito grande ou pesada; e assim por diante. Depois, todas as turmas construíram o modelo de banco de sua preferência, contando apenas com sucata. A prefeitura reuniu os vários modelos e organizou uma exposição pública que exibia os bancos de todas as escolas. Junto aos bancos havia painéis com as muitas discussões que fizeram parte de sua criação. A exposição foi apresentada em um dos prédios mais antigos de Módena e durou duas semanas. Finalmente, a cidade selecionou diversos modelos como finalistas e vários desses modelos são hoje usados nos pontos de ônibus da cidade.

Alguns exemplos da vida nas *scuole dell'infanzia* em Bolonha e Módena

O primeiro exemplo é o das festas tradicionais como o *carnevale*, em uma *scuola dell'infanzia* onde realizei pesquisa durante três anos. Nessa escola havia cinco professores e 35 crianças em um grupo misto de idades entre três e cinco anos. A comemoração de feriados, assim como as festas de fim de ano e outros projetos no currículo, sempre envolve observações, discussão, ação e reconstrução. Os projetos da escola eram de três tipos, que realçavam o relacionamento das crianças com seu meio físico, com sua comunidade ou com sua cultura em geral.

Um dos projetos desta escola merece uma discussão mais extensa porque mesclou certo número de temas e experiências importantes para as crianças em nível de coleguismo e cultura escolar, lar e comunidade (ver Corsaro, 1996). O projeto envolveu planejar, realizar e reconstituir visitas às casas das crianças mais velhas na primavera do seu último ano na escola. Eu soube destas visitas quando um menino, Biagio, me disse um dia: "Bill, você vai vir à minha casa!". A princípio fiquei confuso com essa notícia e pensei que seus pais me convidariam para visitá-los. Entretanto, no dia seguinte, na hora de nossa reunião, os professores nos falaram sobre as visitas que faríamos. Cada uma das crianças mais velhas falou sobre suas famílias, casas e local onde moravam na comunidade. Cerca de uma semana antes da visita marcada, cada criança descreveu os preparativos que ela ou sua família estavam fazendo para a visita. No dia marcado fomos em grupo à casa de uma das crianças mais velhas.

Lembro especialmente da caminhada à casa de Biagio. Sua casa era muito perto da escola e ficava em uma área residencial e comercial próxima de onde eu vivia em Bolonha. Por isso eu conhecia muitos dos comerciantes com os quais paramos para conversar no caminho. Os lojistas sabiam dessas saídas anuais da escola e ansiavam pela oportunidade de conversar com as crianças e admirá-las. De muitas maneiras este simples evento de "caminhar até a casa de Biagio" manifestava muito da dramaticidade da vida pública na cultura italiana.

Todas as crianças iam de mãos dadas com alguém e minha parceira era Antônia. Quando chegamos à porta do prédio de Biagio, muitas crianças se revezavam tocando a campainha. Antônia forçou sua passagem para conseguir tocar também. Levado pelo momento, quando Antônia terminou de tocar a campainha eu me aproximei e toquei a campainha longamente. Todos riram e um dos professores disse: "Esse Bill, igualzinho às crianças. Já basta. Vamos entrar".

Biagio e seu irmão mais novo, Marco, nos olhavam por cima do corrimão enquanto subíamos os quatro lances de escada até seu apartamento. Quando chegamos, fomos saudados pelos pais e avós de Biagio, que acompanharam os outros adultos até a cozinha enquanto eu era puxado para o quarto de Biagio com as outras crianças. Nós xeretamos todos os brinquedos de Biagio, que incluíam uma impressionante coleção de "I Puffi" (miniaturas de papelão de personagens de desenhos animados — *Smurfs*, nos Estados Unidos — que eram muito populares entre as crianças naquela época). Finalmente fomos todos para a cozinha onde

TEORIA E PRÁTICA NA PESQUISA COM CRIANÇAS

a mãe de Biagio serviu uma grande variedade de antepastos deliciosos. Antes de sairmos, o pai de Biagio me presenteou com um vinho caseiro e salame. Naquela noite, após resumir o evento nas minhas anotações de campo, pensei novamente na minha forte reação emocional ao evento e escrevi: "Foi um dia ótimo!".

Durante muitos dias, após essa visita, os professores e as crianças reconstruíram a experiência verbal e artisticamente. O trabalho artístico continha uma série de imagens que capturavam visualmente os momentos mais marcantes do evento, com cada criança contribuindo de alguma forma para cada imagem. Os detalhes das imagens eram surpreendentes. Em um grande mural retratando nossa caminhada à casa do menino, algumas crianças desenharam os carros na rua, outros desenharam membros do grupo individualmente (professores, crianças e eu), outros desenharam as lojas enquanto seus colegas desenharam roupas para colocar nas vitrines das lojas. Estes desenhos foram então exibidos com destaque na escola até o final do ano e foram depois levados para casa pelas crianças mais velhas como recordações.

Neste projeto, as crianças pensam sobre suas relações com a escola, a família, a comunidade e entre si, discutem e reconstroem artisticamente essas reflexões. Elas reafirmam coletivamente a segurança emocional desses vínculos, refletindo sobre a maneira pela qual a natureza dos vínculos muda com o crescimento. Nesse processo as crianças ganham um *insight* sobre suas mudanças de posição nas redes crescentes de significados que constituem sua cultura.

Em Módena, minha colega Luisa Molinari e eu estudamos um grupo de crianças de cinco anos de idade que esteve junto com o mesmo professor por três anos e que estava agora nos meses finais naquela escola. Mais tarde eu os acompanharia na transição para a primeira série e estudaria sua adaptação e progressos na escola (Corsaro e Molinari, 2005).

Com o referido grupo, os professores de Módena começaram a preparar a transição, desenvolvendo atividades voltadas para a alfabetização nos últimos meses de seu terceiro ano na pré-escola. Esta orientação foi encorajada por uma estratégia que envolvia a leitura e a escrita como parte dos projetos de arte. Como já apontei ao discutir projetos de Bolonha, as crianças pequenas italianas são introduzidas a uma diversidade de formas de arte desde seu ingresso na *scuola dell'infanzia*, aos três anos de idade. As crianças adoram desenhar, pintar e produzir colagens, murais e esculturas. Em Módena, um desses projetos envolvia a combinação de criação artística e o reconhecimento e reprodução das letras de seus nomes.

Em um projeto de longo prazo, os professores e as crianças realizaram diversas atividades de alfabetização que envolveram leitura, discussão e a reprodução da história *O mágico de Oz*. As atividades de alfabetização ocorreram durante um período de cinco meses e envolveram várias fases sucessivas e diversos tipos de atividades. Na primeira fase, os professores e as crianças leem o livro durante um período de cerca de quatro meses. Eles leem mais ou menos um capítulo por semana, usualmente em encontros diários que duram cerca de uma hora. Entretanto, os professores não apenas leem e mostram os desenhos da história. Cada capítulo é lido, discutido e debatido. Esses debates foram muito animados, e as crianças eram encorajadas a fazer perguntas e comentários. Quase todas as crianças participaram das discussões, e em alguns encontros elas e os professores passaram mais tempo debatendo do que de fato lendo.

Na segunda fase, durante a leitura dos dois últimos capítulos do livro, os professores e as crianças começaram a montar um grande mural que mostrava o Castelo Esmeralda ao fundo e as imagens das quatro personagens principais (Dorothy, o Homem de Lata, o Leão e o Espantalho) de pé na frente do castelo. As crianças trabalhavam em pequenos grupos com os professores, projetando vários aspectos dessa impressionante e altamente complexa produção artística. O trabalho de grupo no projeto de arte durou cerca de três semanas.

Na terceira fase, após completar a leitura da história, cada professor passou a trabalhar individualmente com as crianças. Nessas sessões em pares, os professores apresentaram às crianças questões sobre a história, qual a personagem preferida, qual a cena preferida, e assim por diante. As respostas das crianças eram gravadas em fita. Mais tarde estas respostas foram escritas em um pequeno caderno de notas onde as crianças copiaram suas narrativas, que os professores haviam escrito para elas. Neste mesmo caderno de notas, cada criança fez um desenho de sua personagem preferida e escreveu o nome da personagem no desenho. Os professores também ressaltaram para as crianças que elas iriam ler e escrever sozinhas na escola. Essas sessões de professores e crianças ocorreram por um período de três semanas.

Na quarta fase, as crianças e os professores novamente discutiram a história em um grupo de encontro e cada criança foi solicitada a escolher uma cena diferente para recriar com um desenho dela mesma. Na discussão coletiva, um grupo de cenas foi escolhido para reproduzir toda a história, assim como qual criança desenharia qual cena. Durante um período de duas a três semanas, as crianças, trabalhando em pequenos grupos com os professores, fizeram esboços das cenas que haviam selecionado. Cada criança então descreveu sua cena desenhada para o professor e, com ajuda para soletrar, escreveu sua descrição em um papel separado.

Frederika, por exemplo, desenhou um grande balão de ar flutuando sobre as nuvens com duas pessoas. Ela escreveu sua própria descrição da cena, que, resumidamente (usando sua pontuação e a gramática) ficou assim: "O mágico de Oz e Dorothy foram com um balão de ar para a casa de Dorothy porque Dorothy queria voltar para casa com sua tia e seu tio para ser feliz". Ela então escreveu seu nome sob o texto. A seguir as crianças, novamente em pequenos grupos com seus professores, produziram seus desenhos em pinturas e colagens. Estas produções foram exibidas na parede da escola, com os esboços originais ao lado de cada produção artística das cenas. As crianças, professores e pais observaram e admiraram juntos as produções.

Na quinta e última fase, durante um encontro na última semana do ano letivo, no final de junho, os professores fizeram com que as crianças recuperassem suas pinturas da parede. Reproduziram então coletivamente a história uma última vez, cada criança colocando sua cena na posição adequada no chão, no meio da roda de discussão. Novamente, como na leitura da história, este exercício foi feito com muito debate. Por fim, no último dia de escola as crianças levaram para casa suas pinturas individuais, assim como um livro com fotocópias dos esboços e pinturas das cenas de todas as crianças. Agora cada uma delas tinha sua própria cópia de *O mágico de Oz*, que produziu coletivamente.

Nesse projeto de grupo, que durou cerca de cinco meses, as crianças e os professores participaram de atividades coletivas e individuais que envolveram várias habilidades de letramento (leitura, escrita, compreensão da estrutura e sequência de eventos em uma história e a ilustração e reprodução artística da história). Vemos, portanto, que as crianças, com o auxílio do professor, reconstroem e se apropriam de um evento de letramento de forma individual e coletiva.

Referências bibliográficas

BALDISSERRI, M. M. *Scuola materna scuola dell'infanzia*. Firenze: La Nuova Italia Editrice, 1980.

BERTOLINI, P. *L'infanzia e la sua scuola*. Firenze: La Nuova Italia Editrice, 1984.

BLAU, D.; MOCAN, H. The supply of quality in child care centers. *The Review of Economics and Statistics*, n. 84, p. 483-96, 2002.

BRAUNER, J.; GORDIC, B.; ZIGLER, E. Putting the child back into child care: Combining care and Education for children ages 3-5. *Social Policy Report*, n. 18, p. 3-15, 2004.

BRONFENBRENNER, U. *The ecology of human development*: experiments by nature and design. Cambridge, MA: Harvard University Press, 1979.

CADWELL, L. *Bringing learning to life:* the reggio approach to early childhood education. New York: Teachers College Press, 2003.

CORSARO, W. A. Discussion, debate and friendship: Peer discourse in nursery schools in the United States and Italy. *Sociology of Education*, Chicago, n. 67, p. 1-26, 1994.

_____. Transitions in early childhood: The promise of comparative, longitudinal ethnography. In: JESSOR, R.; COLBY, A.; SHWEDER, R. (Eds.). *Ethnography and human development*: context and meaning in social inquiry. Chicago: University of Chicago Press, 1996. p. 419-58.

_____; EMILIANI, F. Child care, early education, and children's peer culture in Italy. In: LAMB, M. et al. (Eds.). *Child care in context*: cross-cultural perspectives. Hillsdale, NJ: Lawrence Erlbaum, 1992, p. 81-115.

TEORIA E PRÁTICA NA PESQUISA COM CRIANÇAS

161

CORSARO, W. A.; MOLINARI, L. *I Compagni*: understanding children's transition from preschool to elementary school. New York: Teachers College Press, 2005.

_____; _____; ROSIER, K. B. Zena and Carlotta: transition narratives and early education in the United States and Italy. *Human Development*, Berkeley, n. 45, p. 323-48, 2002.

DELLA SALA, V. "Modernization" and Welfare-State restructuring in Italy: The impact of child care. In: MICHEL, S.; MAHON, R. (Eds.). *Child care policy at the crossroads*: Gender and Welfare State restructuring. New York: Routledge, 2002, p. 171-89.

EDWARDS, C. P.; GANDINI, L.; FORMAN, G. (Eds.). *The hundred languages of children*: the Reggio Emilia approach: advanced reflections. Greenwich, CT: Ablex, 1998.

FRABBONI, F. Dagli Orientamenti al curricolo: Passaggio pedagogico obbligato per la scuola dell'infanzia. In: BERTOLINI, P. (Ed.). *La scuola dell'infanzia verso il 2000*. Firenze: La Nuova Italia Editrice, 1984, p. 71-83.

GANDINI, L.; EDWARDS, C. P. (Eds.). *Bambini*: the Italian approach to infant/toddler care. New York: Teachers College Press, 2001.

GORMLEY, W.; PHILLIPS, D. *The effects of universal pre-K in Oklahoma*: research highlights and policy implications, 2003. Disponível em: <www.crocus.george town.edu/working.paper.2.pdf.> Data do acesso: 17 dez. 2007.

HELBURN, S.; BERGMANN, B. *America's child care problem*. New York: Palgrave, 2002.

HELLMAN, S. Italy. In: KESSELMAN, M.; KRIEGER, J. (Eds.). *European politics in transition*. Lexington, MA: D. G. Heath, 1987, p. 320-450.

KAMERMAN, S. Early childhood intervention policies: An international perspective. In: SHONKOFF, J.; MEISELS, S. (Eds.). *Handbook of early childhood intervention*. New York: Cambridge University Press, 2000, p. 613-29.

MALAGUZZI, L. History, ideas, and basic philosophy: an interview with Lella Gandini. In: EDWARDS, C. P.; GANDINI, L.; FORMAN, G. (Eds.). *The hundred languages of children*: the Reggio Emilia approach: advanced reflections. Greenwich, CT: Ablex, 1998, p. 49-98.

MANTOVANI, S. *Nostalgia del futuro*. Lama San Giustino (Pg): Edizioni Junior, 1998.

MOZÈRE, L. Bisogni degli utenti e intervento dello Stato. Dinamica istituzionale e amministrativa: il caso dei nidi d'infanzia in Francia. In: GHEDINI, P. (Ed.). *Quali prospettive per l'infanzia:* partecipazione e gestione dei servizi nella trasformazione dello stato sociale Firenze: La Nuova Italia Editrice, 1984, p. 41-50.

NATIONAL INSTITUTE OF CHILD HEALTH AND HUMAN DEVELOPMENT EARLY CHILD CARE RESEARCH NETWORK. Does amount of time spent in child care predict socio-emotional adjustment during the transition to kindergarten? *Child Development.* Oxford, n. 74, p. 976-1005, 2003.

NERI, S. *Guardare vicino e lontano.* Milano: Fabbri Editori, 2001.

PISTILLO, F. Preprimary education and care in Italy. In: OLMSTED, P.; WEIKART, D. (Eds.). *How nations serve young children:* Profiles of child care and education in 14 countries. Ypsilanti, MI: The High/Scope Press, 1989, p. 344-50.

RADEN, A. *Universal prekindergarten in Georgia:* a case study of Georgia's lottery-funded pre-K program. Foundation for Child Development, Working Paper Series, August, 1999. Disponível em: <http://www.ffcd.org/pdfs/prek/pdf.> Data de acesso: 17 dez. 2007.

REPORT. *Rapporto della commissione per la revisione degli orientamenti per la scuola materna,* 1989.

VECCHIOTTI, S. Kindergarten: An overlooked educational policy priority. *Social Policy Report.* Michigan, n. 17, p. 3-19, 2003.

CAPÍTULO 10

Por que tanta diferença?
A educação infantil na Itália e nos Estados Unidos

Eulina da Rocha Lordelo

A descrição do sistema de educação infantil da Itália, vista por um pesquisador estrangeiro, cidadão estadunidense, e posta em contraste com a realidade do seu próprio país, é um rico material para análise e reflexão. O observador encantado com o que vê, muito desapontado com o modo como as coisas são feitas no seu país, constitui uma força motriz capaz de gerar discussão, estudos e ação social. O sistema de educação infantil italiano, principalmente os modelos adotados na região da Emilia Romagna, tem sido razoavelmente descrito em artigos e livros, inclusive no Brasil, juntamente com os modelos vigentes nos países escandinavos. Esses sistemas, que têm sido vistos como os mais avançados no mundo, possuem algumas características comuns: alto investimento estatal, atendimento integral, em vez de meio período, pessoal treinado e relativamente poucas crianças por adulto. Por outro lado, cada país tem suas particularidades em visões e currículos, além de óbvias diferenças no formato legal, espaço, equipamentos.

Estudos comparativos amplos, cobrindo algumas dezenas de países, têm mostrado que a natureza e a forma do atendimento à criança de zero a seis anos (Cochran, 1993) são afetados por fatores econômicos, demográficos e sociais, como urbanização e industrialização, mudanças na estrutura da família, papel da mulher, mudanças nas taxas de natalidade, entre outros. Esses fatores são mediados por influências culturais, políticas e ideológicas, como valores, crenças e normas culturais, ideologias sociopolítica e econômica, riqueza nacional, entre outros.

A comparação dos sistemas de atendimento à criança pré-escolar na Itália e nos Estados Unidos é, de certa maneira, intrigante. Como o país mais rico do mundo trata tão mal suas crianças de zero a seis anos e mostra tanto descaso com o apoio ao trabalho da mulher, visto como uma condição de promoção da igualdade? Por um lado, fatores econômicos são extremamente importantes em explicar a oferta de cuidado de boa qualidade nos anos pré-escolares, pelo menos para impedir essa oferta: nenhum país pobre oferece educação infantil de qualidade, mas entre os países ricos pode haver muita desigualdade, como é o caso da Itália e dos países escandinavos, de um lado, e dos Estados Unidos e Inglaterra, do outro.

Como apontado por Lamb (1992), fatores demográficos e econômicos são o ponto de partida para explicar o maior ou menor investimento no atendimento à criança pequena. Por exemplo, é mais fácil entender o alto investimento italiano e dos países nórdicos quando se considera suas taxas de fertilidade. Na Itália essa taxa é estimada em 1,38 para o período de 2005 a 2010, enquanto nos Estados Unidos esse número chega a 2,05, segundo as Nações Unidas (Wikipedia, 2007).

Entretanto, esses fatores não são suficientes para explicar as diferenças, sendo necessário considerá-los em conjunção com a história, a cultura e a ideologia das sociedades. Nos países nórdicos, a ideologia que direciona a organização do cuidado à criança é o igualitarismo, a busca de igualdade entre os indivíduos, sejam eles homens ou mulheres, casados ou solteiros, tenham ou não seus filhos necessidades especiais. Este conceito de igualitarismo baseia-se na equidade e envolve algum tipo de distributivismo, de modo que o suporte prestado a cada indivíduo será maior ou menor conforme suas necessidades, visando um resultado mais igual (Gullestad, 1992). Assim é que mães ou pais solteiros, imigrantes, pessoas com necessidades especiais, entre outros grupos, têm prioridade de acesso e podem contribuir menos ou nada, no custeio do serviço (Ministry of Children and Family Affairs — Noruega, 1996). O contraexemplo mais evidente é o conceito de igualitarismo dominante nos Estados Unidos, definido em termos da oferta de condições iguais, podendo os resultados ser completamente diferentes. Em consonância com essa concepção, nos Estados Unidos, onde a renda *per capita* é a mais alta do mundo, os cidadãos fazem suas opções em relação aos meios de cuidar das crianças de acordo com suas convicções e, principalmente, seus orçamentos. O afastamento do trabalho após o nascimento da criança é permitido às mães, mas sem vencimentos, preservando-se apenas a vaga no emprego. Como enfatizado por Corsaro no seu relato, os cidadãos estadunidenses relutam em pagar mais impostos, uma condição necessária para a ampliação dos programas sociais.

Segundo Fincher (1996), a visão de educação infantil praticada nos Estados Unidos tem um enfoque predominantemente econômico: educação infantil seria um problema inserido na lógica do mercado, que determina a forma como são feitas as escolhas. Se as empresas desejam empregar mulheres em idade reprodutiva e estas desejam trabalhar, então os agentes interessados devem tomar suas decisões, de acordo com o que podem pagar, considerando as vantagens de manter as mulheres no mercado de trabalho. No vácuo da retirada do estado das políticas sociais, muitas creches privadas têm surgido nos Estados Unidos, sustentadas por empresas que veem esses gastos como investimento na força de trabalho, de modo a conseguir melhorar a produtividade das mães trabalhadoras, sendo secundária a preocupação com a criança.

Mas a visão sobre mercado e o grau conveniente de liberdade pode variar: países como a Suécia e a Noruega também veem o investimento em creches como parte das políticas voltadas para o mercado de trabalho. Nesse caso, no entanto, os objetivos são diferentes e estão ligados ao desejo de aumentar a participação da mulher na força de trabalho, mantendo, ao mesmo tempo, taxas mais altas de natalidade (Fincher, 1996).

Na Austrália, o cuidado à criança também é visto como parte das políticas de regulação da força de trabalho do país. O Estado se preocupa em buscar soluções de baixo custo para o cuidado da criança, visando à manutenção das mulheres como integrantes da força de trabalho. Uma evidência dessa concepção é o baixo valor dos salários pagos aos trabalhadores de creche, a maioria deles mulheres, e na recusa em reconhecer que os trabalhadores de creches familiares devem receber os mesmos benefícios de outros empregados de serviços públicos. Ou seja, na prática, o Estado não reconhece a creche familiar como um serviço público (Fincher, 1996).

Outra maneira de ver o cuidado à criança pequena fora de casa é ligá-lo às políticas para a família. O investimento feito na área pode ser direcionado para elevar ou reduzir as taxas de natalidade, para atribuir ou retirar da família responsabilidades pelo cuidado da criança, para valorizar determinados tipos de família, por meio dos critérios empregados para definir a elegibilidade dos pais para os subsídios e serviços oferecidos.

Por outro lado, não existe exemplo de boa educação infantil, ampla e de qualidade, fora da sociedade afluente, como se pode confirmar a partir do exame de diversos países do mundo, com condições socioeconômicas mais próximas às do Brasil.

No México, o Estado e instituições paraestatais oferecem serviços de educação infantil de boa qualidade, mas apenas para aquelas mães empregadas nos serviços públicos, ou seja, para seus próprios trabalhadores. As agências governamentais responsáveis pelo bem-estar da família, que têm como público-alvo crianças de famílias de trabalhadores pobres, dispunham, em 1993, de apenas 20 mil vagas em instituições, para um total de 500 mil crianças com menos de cinco anos. Nesse país os serviços de educação infantil são claramente concebidos para mulheres que trabalham, como um mecanismo para assegurar sua tranquilidade no trabalho, embora o conteúdo dos programas seja centrado nas necessidades da criança (Tolbert et al., 1993).

Na Venezuela (Ascanio, Orantes e Recagno-Puente, 1993), o atendimento prestado à criança abaixo de sete anos é realizado principalmente por meio de instituições escolares convencionais, igualmente segmentadas em públicas e privadas. Assim como no Brasil, a natureza institucional responde pela qualidade diferenciada de atendimento. Ao lado destas, há programas voltados para melhorar a saúde da criança e da família, organizados em bases precárias, embora estes dificilmente possam ser caracterizados como educação infantil centrada nas necessidades educacionais da criança.

Demografia, economia e ideologia são as forças construtivas dos sistemas de educação infantil. A educação infantil só é vista como necessária em países cuja economia requer: 1) a existência de trabalhadores com bom nível de educação, vale dizer, economias industriais e pós-industriais e 2) a participação da mulher na força de trabalho, seja pela escassez de mão de obra, seja pela ideologia dominante que busca promover a igualdade de gênero na sociedade. Mas ter um sistema de educação infantil amplo e de alta qualidade depende, obviamente, de poder pagar por isso. Finalmente, ter um sistema de educação infantil democrático e centrado na perspectiva da criança depende do contexto cultural em questão, dos valores centrais que organizam a vida social e de conhecimento especializado para implantá-lo.

É nesse terreno — valores, conhecimentos e boas ideias — que mais podemos aprender com o relato de Corsaro. Gostaria de destacar alguns aspectos particularmente interessantes no sistema descrito. É importante, entretanto, assinalar que o modelo descrito aplica-se a crianças a partir de três anos. Na Itália, como na maior parte da Europa Ocidental, a maternidade recebe o suporte da licença parental e as crianças não têm que ser enviadas à creche no primeiro ano de vida. Em que pese a visão negativa do autor sobre o estudo do National Institute of Child Health and Human Development Early Child Care Research Network (2003), não há no seu relato qualquer informação que se contraponha aos resultados obtidos pelo estudo nos Estados Unidos: suas observações na Itália, cujos resultados são tão sugestivos e foram facilitados pela sua natureza longitudinal e intensivista, não podem ser generalizados para todo o país. Os estudos foram centrados em algumas pré-escolas, de uma região que se destaca pela amplitude e qualidade do cuidado oferecido à criança pré-escolar. Não é possível, a partir do material encontrado, extrair conclusões sobre o efeito de creches e da educação infantil sobre o desenvolvimento da criança na escola. No entanto, as experiências descritas são fascinantes e, de fato, merecem que prestemos atenção a elas, procurando extrair conhecimento que nos auxilie a pensar sobre o tema e a construir nossas próprias soluções. Do relato, alguns aspectos são particularmente relevantes e merecem uma análise mais detida.

O primeiro é, sem dúvida, a organização dos grupos como "comunidades" estáveis, por meio da regra adotada de manutenção dos professores e crianças ao longo dos dois ou três anos antes da entrada na escola elementar. Essa decisão depende claramente das nossas teorias sobre Psicologia do Desenvolvimento, sobre a natureza da infância, sobre que processos desenvolvimentais estão envolvidos no engajamento bem-sucedido da criança a uma instituição de educação infantil. A criação de um grupo estável — crianças e adultos — tem o potencial de criar vínculos e, ao mesmo tempo, permitir o desenvolvimento de relações de longo prazo, em que os participantes devem negociar conflitos de interesse. Particularmente importante é o fato de que os professores podem acompanhar o desenvolvimento da criança, traçar metas de longo prazo, desenvolver e testar estratégias mais eficientes para lidar com problemas e, o mais relevante, fortalecer os vínculos emocionais com cada criança. Esse tipo de decisão pode gerar uma condição de comprometimento com o bem-estar e crescimento da criança, mais difícil quando ela é "passada" para outro professor e novo relacionamento deve ser construído.

O segundo aspecto importante é a natureza complexa, flexível e multifacetada das experiências. O modelo de educação infantil descrito por Corsaro não é realmente um modelo, no sentido de um conjunto de procedimentos derivados de uma teoria e organizados centralmente por uma autoridade. A história que nos é contada sugere a emergência de práticas orientadas por muitos fatores diferentes, como resultado de orientação ideológica, de negociações entre os interesses e possibilidades dos diferentes agentes envolvidos no problema: pais, educadores, governo e sociedade. O modelo descrito não é "piagetiano", "vigotskiano", "montessoriano" ou qualquer outro modelo pedagógico em voga. As contribuições da psicologia e da pedagogia estão presentes, sem dúvida, mas o conjunto é multifacetado como uma construção que reflete o contexto, a época e os atores.

Acima de tudo, o aspecto mais notável e, a meu ver, responsável pela natureza qualitativamente diferente de tal modelo é o fato de ele ser orientado a partir da perspectiva da criança. O interesse da criança é costumeiramente alegado como justificativa para toda e qualquer decisão educacional. No entanto, os sinais de que esse interesse é definido pela perspectiva da criança devem ser buscados no cotidiano das instituições. Somente em poucos sistemas de atendimento à criança pré-escolar, entre os quais destacam-se os países escandinavos, é possível encontrar essa perspectiva orientando a organização e o cotidiano da educação infantil. Por exemplo, na Noruega, que declara explicitamente levar em consideração a perspectiva da criança (Ministry of Children and Family Affairs — Noruega 1996), as diretrizes curriculares especificam uma proporção recomendada de atividades de iniciativa da criança *versus* do adulto, sugerindo que esse balanço pode evoluir gradativamente, conforme as crianças ficam mais velhas. Também a ênfase na brincadeira e o espaço físico e temporal oferecido a ela é uma característica marcante das atividades cotidianas, e os professores estão longe da preocupação obsessiva encontrada no Brasil com o desenvolvimento de habilidades preparatórias para a alfabetização.

Finalmente, o texto de Corsaro tem uma qualidade de vivência profunda, de experiência transformadora, carregada de sentimento, de empatia com a realidade observada, possível apenas quando o cientista observador participa do contexto investigado, aumentando a sua sensibilidade e capturando a de quem o lê.

Referências bibliográficas

ASCANIO, J. F., ORANTES, M. R. F.; RECAGNO-PUENTE, I. R. Venezuela. In: COCHRAN, M. (Org.). *International handbook of child care policies and programs.* Westport/London: Greenwood Press, 1993, p. 559-81.

COCHRAN, M. Public child care, culture, and society: crosscutting themes. In: COCHRAN, M. (Org.). *International handbook of child care policies and programs.* Westport/London: Greenwood Press, 1993, p. 625.

FINCHER, R. The state and child care: an international review from a geographic perspective. In: ENGLAND, K. (Org.). *Who will mind the baby?* London: Routledge, 1996, p. 143-66.

GULLESTAD, M. *The art of social relations*: essays on culture. Social action and everyday life in modern Norway. Oslo: Scandinavian University Press, 1992.

LAMB, M. E.; STERNBERG, K. J. Sociocultural perspectives on nomparental child care. In: LAMB, M. E.; STERNBERG, K. J.; HWANG, C.; BROBERG, A. G. (Orgs.). *Child care in context*. Hillsdale: LEA, 1992, p. 1-23.

MINISTRY OF CHILDREN AND FAMILY AFFAIRS Framework Plan for Day Care Institutions: a brief presentation. Oslo: Q-0917, 1996.

NATIONAL INSTITUTE OF CHILD HEALTH AND HUMAN DEVELOPMENT EARLY CHILD CARE RESEARCH NETWORK. Does amount of time spent in child care predict socio-emotional adjustment during the transition to kindergarten? *Child Development*, Oxford, n. 74, p. 976-1005, 2003.

TOLBERT, K. et al. In: COCHRAN, M. (Org.). *International handbook of child care policies and programs*. Westport/London: Greenwood Press, 1993, p. 353-76.

WIKIPEDIA *Fertililty rate*. Disponível em: <www.http://en.wikipedia.org/Fertility_rate>. Acesso em: 5 out. 2007.

CAPÍTULO 11

Um estadunidense na Itália

Ana Lúcia Goulart de Faria

Embora já tenhamos em português, desde 1998, uma volumosa bibliografia italiana sobre educação infantil[1] (apenas três de Portugal), algumas de suas resenhas e alguns outros tantos textos de pesquisas nossas sobre a educação das crianças pequenas italianas de zero a seis anos, agora temos uma surpresa em mãos: o texto de um professor universitário estadunidense atípico, sociólogo da infância, que pesquisou nas cidades italianas de Módena e Bolonha[2]. Mais uma vez atípico, já que fez sua pesquisa nessas cidades da região da Emilia Romagna, famosa pela experiência educacional em creches e pré-escolas da cidade de Reggio Emilia e por seu ex-secretário de Educação e intelectual idealizador da experiência, Loris Malaguzzi.

Mesmo seguindo os cânones científicos, ou apesar deles, Corsaro mostra-se maravilhado com a história e a política das pré-escolas dessas cidades do Norte da Itália e, fazendo comparações entre esses dois países do dito Primeiro Mundo, faz uma crítica feroz ao seu país em relação às

---

1. Ver bibliografia organizada no Anexo 2.
2. Sobre Módena, ver Borghi, 1998; sobre Bolonha, ver Bondioli e Mantovani, 1998.

prioridades do financiamento de pesquisa e das políticas públicas na área da educação das crianças pequenas, sejam elas em creche ou em pré--escola. Vemos, assim, um pesquisador atípico que também se emociona quando conta em suas palestras o que as crianças pré-escolares fazem e como expressam suas sofisticadas formas de organização do pensamento, mesmo antes de ler e escrever.

O pesquisador Corsaro é rigoroso quando percebe e mostra no texto que a educação pré-escolar para as crianças de 3-5 anos e onze meses na Itália é *um direito*. Mostra como foi conquistada, como foi a luta pela pré--escola: pública, não obrigatória, gratuita, universal (frequência de 96% da população-alvo); renda não é critério para ingresso; professores(as) diplomados(as), com salários pouco diferentes dos colegas das séries iniciais da escola obrigatória (que vai até os 16 anos de idade, até o ingresso na escola média superior, equivalente ao nosso Ensino Médio). Fica explícito seu espanto com esse tipo de república, com a política democrática italiana articulando o centro e a esquerda e oferecendo, no caso da educação, a mesma política pública para toda população. Até mesmo com a inclusão das crianças com necessidades especiais a política é a mesma, havendo um/a docente a mais na turma para garantir a execução da política e da pedagogia.

Em 1975, Luiz Antonio Cunha, no seu pioneiro livro *Educação e desenvolvimento social no Brasil*, já mostrou e criticou o programa Head Start dos Estados Unidos como política pública de educação barateada para as populações de baixa renda, num país, como diz Corsaro, onde há até pré-escolas que adotam a pedagogia malaguzziana de Reggio Emilia, evidenciando a desigualdade de oportunidades. Corsaro vai até as últimas consequências confirmando esse programa para crianças *desprivilegiadas*; reafirma que as pesquisas mostram que este tipo de programa é muito débil, pretendendo que vai conseguir passar o tal "currículo oculto" como se assim fosse preparar essas crianças para poderem acompanhar melhor a escola obrigatória. Os salários dos(as) docentes são muito baixos, movimentando uma rotatividade de professores comprometedora da continuidade da educação, portanto, da sua qualidade. Aqui Corsaro acaba por ceder — talvez pela conhecida ingenuidade americana? — e conclui que, apesar de tudo isso, o programa é bom em relação aos seus objetivos *de oferecer educação diferente para cada camada social com o pretexto de equidade!* Objetivos esses completamente distintos da *scuola dell'infanzia,* onde as crianças ingressam com três anos e ficam na mesma turma e com as mesmas professoras durante os três anos desta etapa educacional (turma com 29 crianças tem três docentes, turma com 25 crianças tem dois docentes). Embora existam pré-escolas privadas e católicas, ainda é a escola pública, seja ela estatal ou municipal, que recebe a maior parte da criançada de três até seis anos, quando as crianças ingressam na escola obrigatória.

Este texto de Bill (como as crianças o chamam) não entrou na discussão propriamente dita da pedagogia e das práticas pedagógicas. É aí, sim, que a Itália é de fato a pioneira em uma pedagogia da educação infantil onde o(a) professor(a) não dá aula, mas organiza o espaço e o tempo para as crianças construírem as culturas infantis. Com uma relação adulto/criança de 11,7%, a pedagogia é centrada na experiência infantil. Corsaro levanta quatro pontos principais da estrutura da *scuola dell'infanzia*: foco na criança, não é cognitivista, foco na formação continuada, e forte relação escola/comunidade, passando pela família. Aproximou-se dos clássicos italianos da pedagogia: as irmãs Agazzi, Montessori, Bertolini e Frabboni (este ainda vivo)[3] e não fez referência a quem ficou mais famoso ultimamente, Malaguzzi. Pode-se verificar a qualidade da pedagogia no Norte da Itália nesse estudo sobre Módena e Bolonha, que leva Corsaro a constatar que os Estados Unidos estão aquém da Itália em relação à educação infantil de qualidade. No entanto, parece que ele ainda não consegue entender totalmente o que é o *direito* republicano à educação — por exemplo, quando afirma que as famílias monoparentais e as famílias operárias têm maior necessidade de educação de qualidade. Parece que ele não consegue entender o que significa de fato a participação dos pais e mães (de todas as classes sociais) na cogestão dos equipamentos públicos, que contempla todas as camadas sociais. É como se a educação *reggiana* para quem tem alto poder aquisitivo, nos Estados Unidos, resolvesse parte do problema da educação do país. Este comentário eu faço

---

3. Ver Frabboni, em português, em Zabalza (1998).

mais para chamar a atenção sobre quanto nosso admirável pesquisador se empenhou em entender a educação infantil na Itália, esforçando-se para compreender uma democracia que tende para a esquerda, o feminismo e o coletivo infantil em ação — ou pelo menos tendia quando ele fez esta pesquisa.

Esse texto traz também algumas informações e resultados de pesquisas sobre as *creches* italianas, mas apenas no intuito de mostrar como é diferente a creche da pré-escola. Corsaro fez suas pesquisas em pré-escolas, com a italiana Luisa Molinari, e sugere a leitura sobre as creches no livro organizado por Gandini e Edwards (2002), também traduzido para o português. Talvez não tenha sido traduzido para o inglês, mas o foi em português, o livro italiano de 1985, organizado por Bondioli e Mantovani (1998), *Manual da educação infantil de 0 a 3 anos*, que traz as pesquisas sobre creche no Norte da Itália. Recentemente foi traduzido, aqui, um antigo artigo de Tullia Musatti sobre a relação entre bebês em creche (em Faria, 2007), onde ela discute a relação entre as crianças da mesma idade, *coetaneo* em italiano (diferente do termo "pares" utilizado por Corsaro, que pode ser ou não da mesma idade). Corsaro vem trabalhando com o conceito de "cultura de pares", colegas da mesma turma de pré-escola[4] e fica admirado com a produção coletiva das crianças italianas, seja numa atividade, aqui contada por ele, de letramento em sala sobre a história do mágico de Oz, seja no passeio a pé e na visita que as crianças fizeram na casa de um coleguinha. A forma de registro das observações e escutas realizadas por Corsaro também são inovadoras.

Nesse artigo, mesmo sem ter mostrado alguma pesquisa em creche, Corsaro constata a rejeição dos Estados Unidos em relação à atividade autônoma da mulher e da mãe, ao coletivo de crianças pequenininhas e à educação das crianças de zero a três anos na esfera pública, fora da esfera privada da família; e faz uma importantíssima crítica à prioridade da política de financiamento de seu país (que não tem licença-maternidade) para as pesquisas sobre os efeitos negativos dos cuidados não maternais, que

---

4. Florestan Fernandes (1961) já na década de 1940 faz sua pesquisa sobre as trocinhas do Bom Retiro (brincadeiras de rua entre crianças de várias idades) e cria o conceito de cultura infantil.

TEORIA E PRÁTICA NA PESQUISA COM CRIANÇAS

com o apoio da imprensa vem divulgando seus resultados nem sempre significativos e muitas vezes em desacordo com o que dizem as famílias e as professoras sobre a creche. Ele compara, indignado, com a Itália, que aloca muitos recursos para licença-maternidade e creche, tanto para as famílias como para as crianças.

Termino agradecendo a Corsaro e às organizadoras deste livro, em especial à Fernanda Müller, com quem dialoguei concomitantemente à elaboração deste comentário, a publicação deste artigo e a oportunidade que me foi dada para exaltar ao lado deles a pesquisa e a política italiana para as crianças pequenas. Recomendo que leiam as obras italianas traduzidas para o português e a bibliografia brasileira sobre a educação infantil italiana, indicadas no Anexo 2, e conto uma bela história de outra estadunidense atípica, Rebecca New, cujos artigos em português podem ser encontrados em Edwards Gandini e Forman (1999) e Gandini e Edwards (2002). Que bom que temos, até nos Estados Unidos, estes interlocutores tão sensíveis, criancistas e criançólogos!

Quando fez um ano da morte de Malaguzzi, a professora Susanna Mantovani realizou na Universidade de Milão uma homenagem a ele, convidando, entre outros, pesquisadores(as) que o conheceram de vários países. Estava eu lá, e dos Estados Unidos estava Rebecca New, que apresentou uma bela fala e iniciou conversando com uma plateia imensa de professoras:

— vocês devem estar pensando: "O que esta americana, de um país da competição e do individualismo, está fazendo aqui? O que tem a nos dizer?".

— mas é justamente isso que quero dizer para vocês: eu vim aqui aprender com vocês, com Malaguzzi, como educar as crianças para o exercício democrático, para o coletivo infantil, contra o individualismo e a competição. Como é a formação docente de vocês? E agora eu estou lá no meu país ensinando isso que aprendi aqui. E é essa a homenagem que faço ao Malaguzzi, muito obrigada.

Este texto de Corsaro também nos convida a refletir sobre nossas contradições, nossa formação docente aqui no Brasil. O que estamos pesquisando? O que estamos fazendo com nossas crianças nas creches e pré-escolas? Corsaro é o pioneiro na sociologia da infância, e amplia com o olhar masculino esta área predominantemente feminina. As crianças pequenas também agradecem!

Referências bibliográficas

BONDIOLI, A.; MANTOVANI, S. (Orgs.). *Manual de educação infantil de 0 a 3 anos*: uma abordagem reflexiva. Porto Alegre: ArtMed, 1998.

BORGHI, B. As escolas infantis municipais de Módena I: o modelo. In: ZABALZA, M. (Org.). *Qualidade em educação infantil*. Porto Alegre: ArtMed, 1998, p. 93-108.

CUNHA, L. A. *Educação e desenvolvimento social no Brasil*. Rio de Janeiro: Francisco Alves, 1975.

EDWARDS, C.; GANDINI, L. e FORMAN, G. (Orgs.). *As cem linguagens da criança*: a abordagem de Reggio Emilia na educação da primeira infância. Porto Alegre: ArtMed, 1999.

FARIA, A. L. G. (Org.). *O coletivo infantil em creches e pré-escolas*: falares e saberes. São Paulo: Cortez, 2007.

FERNANDES, F. *Folclore e mudança social na cidade de São Paulo*. São Paulo: Anhembi, 1961.

FRABBONI, F. A escola infantil entre a cultura da infância e a ciência pedagógica e didática. In: ZABALZA, M. (Org.). *Qualidade em educação infantil*. Porto Alegre: ArtMed, 1998, p. 63-92.

GANDINI, L.; EDWARDS, C. (Orgs.). *Bambini*: a abordagem italiana à educação infantil. Porto Alegre: ArtMed, 2002.

CAPÍTULO 12

Como a sociologia da infância de William A. Corsaro pode contribuir com as pedagogias das escolas de educação infantil?

Maria Carmen Silveira Barbosa

Introdução

Este ensaio procura destacar algumas contribuições que a sociologia da infância elaborada por William A. Corsaro (1997, 2003) pode oferecer para a reflexão teórica e prática na educação das crianças pequenas em espaços de educação coletiva. Conhecer as pesquisas realizadas por este autor e seus colaboradores é algo bastante revelador das novas concepções sobre a criança como ator social e de seu papel ativo na construção da cultura, pois Corsaro rompe as fronteiras disciplinares e analisa a infância como um fenômeno social complexo e contextualizado. Seus estudos também abrem possibilidades para a reflexão sobre o trabalho pedagógico das escolas infantis; afinal, seu contexto prioritário de pesquisa foram estes espaços educacionais.

William A. Corsaro é um tipo especial de pesquisador social. Ele escolheu para investigar um tema, ou "objeto" de estudos, extremamente importante, mas também muito desvalorizado pela academia, principalmente na área das ciências sociais, que é a criança. Seus estudos se ocupam tanto da relação entre as crianças — a construção das culturas de pares — como também da compreensão das crianças como grupo geracional da sociedade, isto é, como uma forma estrutural que permanece apesar de ter seus membros constantemente renovados. Além de ter feito uma escolha teórica pouco convencional, também se utilizou da etnografia como instrumento de pesquisa para estudar as crianças, e acabou sistematizando um novo modo de escutar, de compreender e interpretar as ações das crianças.

Da produção teórica do autor foram então selecionados dois conceitos-chave que serão brevemente apresentados e analisados em sua potencialidade para efetivar novas leituras para a educação infantil: a reprodução interpretativa e a cultura de pares.

A reprodução interpretativa: um outro modo de compreender a socialização

A reprodução interpretativa é um conceito central nas teorizações de Corsaro. Sua concepção contrasta com as abordagens tradicionais da socialização das crianças que tendiam a ver este processo apenas como uma relação vertical, na qual as crianças, por meio da imitação, da reprodução e da cópia, iam aprendendo habilidades e conhecimentos que os faziam pertencer ao mundo adulto já existente. Este modo de analisar a socialização afirmava a criança como um ser sem especificidades, uma miniatura de adulto ou apenas um espelho do universo adulto[5].

---

5. No livro *A socialização: construção das identidades sociais e profissionais,* Claude Dubar (1997) faz uma excelente retrospectiva sobre a socialização tanto na psicologia piagetiana como nas mais significativas linhas da sociologia contemporânea.

TEORIA E PRÁTICA NA PESQUISA COM CRIANÇAS

Ao analisar seus dados de pesquisa, Corsaro (1997) formula uma outra hipótese para esta relação entre as crianças e os mundos sociais dos adultos. Ele oferece uma nova versão analítica, onde as crianças deixam de ocupar o lugar de sujeitos passivos na sua introdução ao mundo social para serem designadas como interlocutores culturais, que não apenas constroem suas próprias culturas, mas que também contribuem para a produção dos mundos adultos.

Este autor afirma que, ao cunhar o termo *reprodução interpretativa* utilizava a palavra reprodução como o modo como as crianças, através da sua participação na sociedade, são constrangidas pela estrutura social existente, isto é, sofrem os efeitos do sistema social que tende a se perpetuar por meio da reprodução contínua. Assim, as crianças — como os adultos — são configuradas pelos efeitos de uma política social. Mas ao mesmo tempo, o autor afirma: as crianças não apenas internalizam a sociedade e a cultura, mas também contribuem ativamente para a mudança cultural. Isto é, há na socialização um processo duplo onde, por um lado, as sociedades constroem processos de homogeneização frente aos atores sociais, mas estes também, através das suas distintas formas de recepção e ação, produzem singularizações e contribuem para a transformação do social.

Geralmente os estudos sociológicos, nas perspectivas funcionalistas e estruturalistas, tentaram analisar as sociedades humanas como estruturas, máquinas ou órgãos onde os elementos formadores não possuíam nenhum tipo de contribuição para o todo, isto é, não havia espaço para a autonomia humana. Nas últimas décadas, vários autores começaram a questionar esta postura tão determinista do social e tentaram transpor estas barreiras procurando verificar as relações ativas entre sociedade e indivíduos.

Isto significou incluir no pensamento sociológico um sujeito, um indivíduo, um ator. Este avanço somente se tornou possível porque vários autores estabeleceram relações profundas entre a sociologia e a psicologia, deixando de lado a relação excludente, e muitas vezes sectária, entre distintos campos das ciências humanas e sociais. Podemos citar como exemplos a concepção de *Sociedade dos indivíduos*, de Norbert Elias (1994),

Anthony Giddens com a Teoria da Estruturação (1991), onde ele retira a ênfase no dualismo sociedade ou indivíduo, para propor uma profunda articulação entre os dois elementos por meio de práticas recorrentes, ou mesmo Pierre Bourdieu (1992) com seu conceito de *habitus*. Talvez Bernard Lahire (2002) seja, contemporaneamente, o sociólogo que tem analisado com maior profundidade a relação indivíduo e sociedade demonstrando tanto, por um lado, a pluralidade dos indivíduos, como também as suas distintas relações com as culturas.

O que todos estes autores têm em comum é o fato de terem repensado suas visões do social a partir das relações que começaram a estabelecer com os estudos da psicologia, da antropologia, da filosofia e da história. As décadas de 1970 e 1980 foram muito ricas nas aproximações e confrontos interdisciplinares nas ciências humanas e sociais, e estes debates incidiram de modo intenso nas discussões acerca das noções de ação e estrutura, sociedade e indivíduo, determinismo social e ação humana.

Corsaro aponta os seres humanos, e no caso de suas pesquisas as crianças, como agentes ativos na construção de suas vidas e na das sociedades em que vivem e das quais participam. Ele reivindica para os pequenos a capacidade de ter sua *agency*, isto é, a competência para agir. Porém para constituir esta ação é preciso que as crianças estejam inseridas em um processo temporalmente enraizado. A educação infantil, por sua organização temporal e espacial, possibilita este enraizamento das ações coletivas, oferecendo uma situação apropriada para constituir a ação humana em sua natureza relacional e coletiva, tirando o foco no ator individual e acentuando o aspecto relacional e de negociação entre as crianças. Ao observar as crianças em ações coletivas, Corsaro verifica que as mesmas apresentam aspectos comportamentais, emotivos, cognitivos que são continuamente produzidos e partilhados com outros significativos, conformando uma cultura local. Ser membro significa participar intensa e permanentemente de um grupo. Como afirma Corsaro (2005, p. 231), o desenvolvimento dos humanos é sempre coletivo e as transições são sempre produzidas coletivamente e compartilhadas com os outros.

Estas novas versões para a compreensão das relações entre indivíduo e sociedade colocaram também novos questionamentos para as teorias do desenvolvimento. Como estudar as trajetórias individuais sem analisar os contextos maiores onde os sujeitos estão incluídos? No último século os trabalhos de Vigotski (1984), Bronfenbrenner (1996) e Bruner (1997, 1998, 2001) tiveram uma grande influência para a construção de um novo pensamento para compreender a construção social dos indivíduos humanos. Como afirma Corsaro, é no processo coletivo, nas relações que as crianças instituem no social, que as suas subjetividades vão sendo produzidas. Assim o autor reafirma a importância de compreendermos as crianças a partir das contribuições de diferentes áreas do conhecimento fazendo construções teóricas na relação entre teorias. Ao admitir as contribuições da Psicologia do Desenvolvimento em suas vertentes sociais e culturais, este autor cria uma marca diferencial de outros pesquisadores da nova sociologia da infância (James, Jenks e Prout, 1998).

A psicologia cultural, especialmente nos trabalhos de Cole e Cole (2004) e Rogoff (2005), também procura, por meio das interlocuções com a história, a sociologia e a antropologia, novas formas de conhecer o desenvolvimento humano em sua diversidade. Esses autores mostram o quanto os espaços de participação que as diferentes culturas oferecem para as crianças, seja compartilhando no grupo de adultos, de amigos ou pares, irmãos mais velhos, e também a oferta e distribuição de materiais e ferramentas de uso social, incidem na construção das capacidades infantis. Assim, se pode verificar o quanto o desenvolvimento individual está vinculado com o desenvolvimento coletivo, e como a participação social, um conceito oriundo da sociologia, incide tão fortemente sobre a aprendizagem, um conceito que tem sido relacionado prioritariamente com a psicologia.

Ao brincarem as crianças compreendem e constroem a cultura — cultura de pares

A noção de que as crianças são agentes ativos no seu próprio desenvolvimento e na sua socialização parece estar sendo cada vez mais aceita, apesar de muitos ainda questionarem a possibilidade de as crianças serem admitidas como atores sociais, por serem "seres em crescimento ou desenvolvimento". Neste sentido, penso que é afirmando continuamente esta possibilidade, e dando espaço para a emergência de atores sociais com características diferenciadas, que se evidenciará a emergência deste ator-social-criança.

Porém segundo Corsaro, o mais difícil tem sido romper com a imagem da criança individual, da criança que aprende, cresce e se desenvolve sozinha, independente do seu contexto. Esta concepção foi formulada e constantemente asseverada pela psicologia evolutiva clássica. Porém, outras teorias estão sendo hoje formuladas para compreender o desenvolvimento humano, sempre relacionando a criança à presença de "outros significativos". Apesar de inicialmente a ênfase ser na relação entre as crianças e os adultos, nos últimos anos a importância das relações e interações entre pares vem sendo observada como uma efetiva forma de socialização e desenvolvimento.

As pesquisas com bebês pequenininhos realizadas com base nas teorias interacionistas evidenciam as possibilidades de inter-relação dos bebês entre si, mostrando como os mesmos constroem suas preferências sociais e utilizam uma diversidade de meios de expressão para se comunicar e construir significados compartilhados entre pares.

Câmera (2006), ao observar uma turma de berçário (com crianças de 6 a 15 meses) verificou que os contatos corporais iam se intensificando por meio de movimentação espontânea e permitindo trocas, cada vez mais efetivas, numa evidente intencionalidade de aproximação ao corpo do outro. A expressividade e as relações entre os bebês foram se fazendo crescentes à medida que pareciam mais "atentos" uns aos outros, fazendo uso da comunicação mímico-gestual, acompanhada de vocalizações. A comunicação pelo olhar acompanhado do sorriso foi gradativamente se convertendo em instrumento para atuar sobre seu meio.

A autora acima citada também comenta que foi significativo o papel da linguagem — oralidade — por se constituir como um mediador na interação, permitindo dar mais sentido às relações entre crianças através da reciprocidade. Se as crianças pequenas iniciaram suas construções de relações por intermédio de ofertas, de solicitações, de ameaças, de agressões, de tentativa de apropriação, do isolamento e do choro, como

TEORIA E PRÁTICA NA PESQUISA COM CRIANÇAS

apresentou Montaigner (1993), posteriormente começaram a evidenciar a construção de uma vida coletiva através da linguagem, da musicalidade e dos movimentos e de pinturas corporais através de tatuagens como estratégias interativas. Afinal, como conclui a autora, em qualquer contexto as crianças não esperam para criar estratégias de pensamentos e sentimentos. Estão na maioria das vezes dispostas a interagir com elas porque no "ninho da vida" a esperança saltita em corpos de bebês.

O relato acima demonstra o quanto as crianças, desde muito pequenas, vão consolidando algumas rotinas de brincadeira em pequenos grupos e, ao se apropriarem das informações culturais, oferecidas pelos adultos, mídias e pares, as transformam em fantasias ajustadas às suas necessidades e preocupações. As crianças rompem as fronteiras com o mundo dos adultos e o ressignificam através de suas lógicas de crianças.

A partir dos seus corpos, as crianças vão construindo suas identidades em interlocução com os outros com os quais convivem. Afinal, são seres sociais e interdependentes e se organizam como atores sociais nos contatos, nas interações, nas práticas. Os trabalhos de Corsaro (1997), tendo como campo de investigação a escola de educação infantil, permitem concebê-la como um lugar privilegiado para a construção de culturas de pares na medida em que oferece um tempo e espaço de constante convívio.

Contribuições para rever as propostas pedagógicas

Os conceitos apresentados anteriormente oferecem para os pedagogos e responsáveis pela formulação de políticas públicas importantes contribuições para avaliar e repensar as propostas pedagógicas para a educação infantil.

Ao indicar a existência e a importância da formulação de uma cultura de pares pelas crianças, Corsaro (1997) nos evidencia que as propostas pedagógicas precisam criar grupos que sejam estáveis, com a presença contínua das crianças e professores, isto é, apostar na ideia de que a longa permanência conjunta facilita o aprofundamento das relações e a criação simbólica. Para isto é preciso que se estabeleça uma clara relação entre tamanho do grupo, idade das crianças, critérios para a organização das turmas etc. Isto é, pensar nos agrupamentos como composições de pessoas que confirmam concepções sobre a sociedade, relações de gênero e interétnicas, diversidade de idades, inclusão de crianças com necessidades especiais. Ou seja, a organização dos grupos escolares como afirmação de princípios sociais e coletivos.

Sendo a criança o foco central do processo educativo, efetivamente, é a partir dela que o projeto pedagógico será construído, estabelecendo padrões de qualidade, segurança e desafio. Educação, vista como uma ação social e coletiva, do presente, precisa ser realizada em um trabalho constante, de longo prazo.

Se as crianças aprendem e se socializam participando do mundo, é preciso que as propostas pedagógicas sejam congruentes com os valores expressos pelas famílias e pelas comunidades. A presença do entorno na educação infantil se faz através da participação ativa dos pais em assembleias, reuniões, visitas e conversas diárias, murais, agendas. A educação infantil é responsável não apenas pelo desenvolvimento cognitivo, mas também pelo desenvolvimento social, afetivo e emocional das crianças; assim, fica evidente a importância da interlocução e colaboração entre a escola, a família e o contexto social.

Para que a presença do contexto social realmente se concretize na vida diária da escola de educação infantil é necessário que os educadores sejam formados para aceitar, problematizar e potencializar as contribuições das famílias e das comunidades, concebendo assim a educação como processo compartilhado. Os processos colaborativos também precisam ser enfatizados nas culturas dos professores, para que eles desenvolvam formas de planejar e executar projetos escolares (Barbosa e Horn, 2008) cooperativos *com* as crianças e não *sobre* ou *para* elas, com metodologias que se sustentem na observação, na discussão, na ação coletiva e individual e na reconstrução. Gostaria ainda de ressaltar que a noção de *adulto atípico* elaborada por Corsaro (1997) apresenta uma forma de relacionamento entre adultos e crianças bastante respeitosa tanto com as crianças como com as suas culturas. Ele evidencia a importância de conversar com as crianças e não apenas fazer perguntas, estar com elas, dizer a verdade, entrar reativamente no seu espaço social, pois mesmo sem pertencer ao grupo é possível construir relações mais horizontais. Obviamente este não é o papel do professor, mas se pensarmos que as formas de ser pesquisador mudaram por que não ponderamos sobre outros modos de ser professor?

Por outro lado, se as crianças estão inseridas e se relacionam com suas culturas desde que nascem, compreendendo-as de acordo com suas estratégias de reprodução interpretativa, o contexto social e cultural precisa estar presente na escola não de forma simplificada, reduzida, mas na sua acepção mais ampla, como arte, literatura, ciências, matemática, lógica, atividades físicas, música, língua estrangeira, excursões, visitas a museus, teatro, cinema, feira livre ou sítio. Nesta oferta diversificada de práticas culturais as crianças têm a oportunidade de aprender sobre a vida, meio físico, sua comunidade ou sua cultura, na escola. Como afirmam Dahlberg, Moss e Pence (2003) a educação das crianças pequenas precisa ser realizada num espaço público concebido como um fórum político, e não apenas de modo técnico. Cada grupo social — cidade, país — tem o direito, e o dever, de inventar instituições para as crianças pequenas que funcionem como lugar de vida, como espaço de cidadania, como afirmação de valores sociais compartilhados como solidariedade, participação, e estes resultam de lutas políticas e relações de poder.

Considerações finais

> *Lá vem mais um discurso, lá vem mais um autor norte-americano para nos informar sobre as crianças. Todo o ano é assim. Uma novidade no ar. Esse pessoal da universidade inventando moda. É isto mesmo, lá vem mais um modismo...*

Esta é uma antiga história, ou ladainha, muito ouvida na educação infantil. Fico pensando... Como é bom que estejamos inventando moda. Moda é cultura, é aprender modos de ser, de estar e de habitar o mundo.

Estar aberto para os novos pensamentos, experimentar, conhecer, verificar como esta nova *moda* se relaciona com as minhas indagações, com o meu estilo, com minhas dúvidas. Onde ela me afirma e onde ela me questiona. Ser professor de educação infantil é inventar-se permanentemente. É ler o mundo — da vida, das teorias, das observações — e construir experiências práticas significativas para acompanhar a inserção dos novos seres humanos no mundo. Oferecer para eles as tradições e escutar a novidade que trazem consigo pelo seu nascimento (Arendt, 2004).

Durante muitos anos as ciências básicas que prioritariamente informaram a educação infantil foram a psicologia e a filosofia. As escolhas filosóficas constituíam o marco, isto é, a linha de pensamento em que uma proposta estava apoiada, e geralmente estas concepções estavam vinculadas à filosofia política e à epistemologia. A psicologia servia para instrumentalizar, isto é, para contribuir na operacionalização das práticas pedagógicas, através das suas ideias sobre aprendizagem e desenvolvimento.

Tanto a psicologia como a filosofia apresentavam, em suas origens disciplinares, muitas dúvidas, muitas perguntas, muitas diversidades, mas estas não eram incluídas nos discursos pedagógicos. Na pedagogia, retiravam-se os aspectos que interessavam na constituição dos projetos educativos, muitas vezes descaracterizando as tensões internas, as controvérsias, isto é, desenraizava-se a teoria das discussões das áreas de procedência.

Atualmente, além da psicologia e da filosofia, outros campos das ciências humanas e sociais começam a discutir, a pesquisar, a conhecer a infância e, com isto, novas ideias podem ser agregadas à reflexão das intervenções pedagógicas. Dentre estes novos discursos que incidem sobre a educação infantil podemos citar a reflexão filosófica que pensa a "filosofia da infância e a infância da educação"; as pesquisas antropológicas sobre a educação das crianças nas diferentes culturas, os estudos cada vez mais aprofundados e detalhados sobre a história da criança e da infância e também as contribuições da sociologia da infância.

Cada área de conhecimento aparece agora, numa visão contemporânea, como múltipla. Na há apenas uma sociologia da infância, mas muitas sociologias com suas concepções e seu vocabulário para afirmar ou contestar a visão de sujeito, de ação social, de estrutura. Não há mais apenas uma Psicologia do Desenvolvimento e da aprendizagem, mas múltiplas. E cada vez tornam-se mais falsos os limites científicos quando procuramos compreender fenômenos complexos.

Neste momento da história da educação infantil sabemos que estas certezas transformaram-se em "certezas da dúvida". Certezas parciais, relativas, contextualizadas. Estamos começando a compor novas formas de fazer a pedagogia — esta ciência da prática. Esta composição pode ser realizada convidando outros discursos, outras ciências, que já não tentam se fazer de tão verdadeiros, duros e uniformes, mas aparecem como frações de conhecimento e de ciência, peças de quebra-cabeças. Talvez, como afirma Vasconcellos (1995), o professor, em sua prática pedagógica, seja um grande montador de *puzzles*, pois vai compondo o seu trabalho a partir das parcialidades e das incompletudes, das teorias, das complexidades dos contextos sociais e também das reflexões que orientam suas práticas.

A sociologia pode, sim, contribuir com a pedagogia, mas uma não se resume à outra. Ainda precisamos aprender muito sobre as ações coletivas das crianças: sua apropriação criativa das informações e conhecimentos do mundo adulto; sua produção e participação nos diferentes modos da cultura de pares e ainda como contribuem para a reprodução e ampliação da cultura adulta.

Referências bibliográficas

ARENDT, H. *A condição humana*. Rio de Janeiro: Forense Universitária, 2004.

BARBOSA, M. C.; HORN, M. G. *Projetos pedagógicos na educação infantil*. Porto Alegre: ArtMed, 2008.

BOURDIEU, P. *A reprodução*. Rio de Janeiro: Francisco Alves, 1992.

BRONFENBRENNER, U. *A ecologia do desenvolvimento humano*: experimentos naturais e planejados. Porto Alegre: ArtMed, 1996.

BRUNER, J. *Atos de significação*. Porto Alegre: ArtMed, 1997.

_____. *O processo da educação*. Lisboa: Edições 70, 1998.

_____. *A cultura da educação*. Porto Alegre: ArtMed, 2001.

CÂMERA, H. *Do olhar que convoca ao sorriso que responde*: possibilidades interativas entre bebês. 2006. Dissertação (Mestrado) — Universidade Federal do Rio Grande do Sul. Faculdade de Educação. Programa de Pós-Graduação em Educação, Porto Alegre, 2006.

COLE, M.; COLE, S. R. *O desenvolvimento da criança e do adolescente*. Porto Alegre: ArtMed, 2004.

CORSARO, W. A. *The sociology of childhood*. California: Pine Forge Press, 1997.

_____. *We're friends, right?* Inside kid's culture. Washington: Joseph Henry Press, 2003.

_____. Collective action and agency in young children's peer cultures. In: J. QVORTRUP (Ed.). *Studies in modern childhood*: society, agency and culture. London: Palgrave Macmillan, 2005, p. 231-247.

_____; MOLINARI, L. *I compagni*: understanding children's transition from preschool to elementary school. New York: Teachers College Press, 2005.

DAHLBERG, G., MOSS, P., PENCE, A. *Qualidade na educação da primeira infância*: perspectivas pós-modernas. Porto Alegre: ArtMed, 2003.

DUBAR, C. *A socialização*: construção das identidades sociais e profissionais. Porto: Porto Editora, 1997.

ELIAS, N. *A sociedade dos indivíduos*. Rio de Janeiro: Zahar, 1994.

GIDDENS, A. *As consequências da modernidade*. São Paulo: Editora Unesp, 1991.

JAMES, A., JENKS, C., PROUT, A. *Theorizing childhood*. Cambridge/Malden: Polity Press, 1998.

LAHIRE, B. *Homem plural*: os determinantes da ação. Petrópolis: Vozes, 2002.

MONTAIGNER, H. *A vinculação*: a aurora da ternura. Lisboa: Instituto Piaget, 1993.

ROGOFF, B. *A natureza cultural do desenvolvimento humano*. Porto Alegre: ArtMed, 2005.

VASCONCELLOS, C. S. *Planejamento*: plano de ensino-aprendizagem e projeto educativo — elementos metodológicos para elaboração e realização. São Paulo: Libertad, 1995.

VYGOTSKY, L. S. *A formação social da mente*. São Paulo: Martins Fontes, 1984.

CAPÍTULO 13

Sociologia da infância, psicologia do desenvolvimento e educação infantil:
diálogos necessários

Ana Maria Almeida Carvalho
Fernanda Müller
Sonia Maria Rocha Sampaio

Correndo o risco de alguma redundância, procuramos refletir, neste capítulo final, sobre as contribuições recíprocas que pudemos identificar nestes diálogos interdisciplinares — e também sobre possíveis tensões, como aponta Sperb no capítulo 4.

Os diálogos nos parecem particularmente ricos no que se refere à questão do método. Os comentários provindos da psicologia — mais ou menos acidentalmente, de psicólogos com viés etológico — reconhecem de imediato uma afinidade na forma de abordagem e nas perguntas que a orientam. Tal como um etólogo se aproximando de uma espécie desconhecida, ou de um grupo de chimpanzés em ambiente natural, a figura de pesquisador construída por Corsaro se aproxima das crianças devagar, sem urgência. Quem é esse "bicho criança" que quero conhecer, com quem quero aprender? Sua tática é tentar se diferenciar do modelo de adulto que restringe e regra a vida das crianças, problematizando as visões centradas no adulto e teorizando a infância a partir do olhar das crianças, e não somente sobre elas.

Os resultados são deliciosamente ricos em termos de conhecimento do mundo da infância, pois Corsaro, diferentemente de muitos psicólogos do desenvolvimento, não procura na criança o futuro adulto, mas tenta compreendê-la enquanto um ser humano integral em sua fase de vida. Esta postura é compatível com a noção de que o desenvolvimento deve ser entendido como um processo ao longo da vida e não como um processo que se conclui na infância e na adolescência; essa compreensão recompõe as relações entre crianças e adultos — todos são seres em formação que aprendem nas relações e interações ao longo de toda a vida. Como um *adulto atípico*, Corsaro inverte uma lógica social legitimada entre adultos e crianças e se coloca como "um parceiro que pode aprender com elas" (Rossetti-Ferreira e Oliveira, capítulo 3).

A contribuição de nossos etólogos ilumina afinidades, mas também salienta caminhos metodológicos alternativos ou complementares. Bussab e Santos (capítulo 6) aprofundam a reflexão sobre a importância da observação na psicologia em vários contextos, e mais detidamente naquele que permitiu a construção de uma nova concepção sobre o bebê e a criança pequena. Enfatizam ainda, assim como Ades (capítulo 8), que o pesquisador que mergulha no universo de seu objeto de estudo terá, no entanto, em algum momento, de se distanciar dele para refletir, descobrir e sistematizar o que aprendeu. A sistematização é condição para o compartilhamento do conhecimento produzido com a comunidade científica, um requisito essencial do processo de produção de ciência (Pedrosa e Carvalho, 2005) que, como lembram Bussab e Santos, é uma construção contínua e irremediavelmente incompleta. Por outro lado, diversos exemplos mencionados nos comentários, tanto de Bussab e Santos quanto de Ades, indicam que a observação "de corpo presente", mas não participante, também produz resultados ricos em termos de compreensão das crianças. Em todos esses níveis, esses diálogos metodológicos são relevantes e enriquecedores para a psicologia, para a sociologia da infância e para a educação.

TEORIA E PRÁTICA NA PESQUISA COM CRIANÇAS

Particularmente provocante é a sugestão de Ades[1] a respeito da relação de amizade adulto-criança, que ele supõe que também caracterize um aspecto básico da sociabilidade humana, um sistema criado pela evolução para a troca de informações entre gerações e a recriação permanente de uma dada cultura. Podemos perguntar, com Redin (capítulo 7): há lugar para essa relação em nosso mundo contemporâneo, urbano, superpovoado, hiperativo e ainda contaminado por um olhar sobre a criança que a vê como *menos, incompleta, a ser guiada?* Há lugar para essa relação de amizade que, por definição, é simétrica, de parceria, e não hierárquica?

Redin nos encanta com seu encanto diante da criança revelada pelo olhar de Corsaro; queixa-se de certas psicologias — as que parecem estar mais presentes na formação dos educadores — que limitaram sua concepção da criança à de um ser em processo de desenvolvimento cognitivo. E expressa sua inquietação quanto ao novo lugar do educador diante dessa nova criança — ou dessa criança finalmente começando a ser conhecida. Onde ficará a intencionalidade característica da atitude pedagógica, sua preocupação com definição de objetivos para atividades ("brincar disto para quê?"), e principalmente sua postura de guia — que, como já foi apontado no capítulo inicial, parece ainda permear a prática educacional apesar dos discursos que reconhecem a criança como agente de sua vida e de seu desenvolvimento. Cabe perguntar: poderão os educadores integrar essas posturas com uma atitude efetiva de aprendizes, que é, nos parece, o que decorre dos discursos atualmente consensuais a respeito da criança? Que isso é possível para um adulto, Corsaro nos mostra concretamente, por exemplo, no delicioso episódio *Non c'e zuppa inglese!,*[2] no qual ele, *pensando como adulto,* confessa que não consegue perceber de imediato a natureza da brincadeira, que só apreende depois de diversos turnos de trocas de significados entre as crianças.

A partir da sugestão provocante de Ades, propomos outra, talvez até mais provocante ou mesmo iconoclasta: quem sabe um novo lugar para o

---

1. Que se confessa um aprendiz (aliás, aparentemente, já adiantado) do método proposto por Corsaro — não para seu próprio trabalho de pesquisa, mas para seu prazer, como expressão de sua própria ludicidade e como experiência de vida.

2. Ver capítulo 1.

educador não poderia ser o de amigo da criança, parceiro na descoberta do mundo — que será, para o adulto, uma *redescoberta*, guiada pelo olhar da criança; parceiro na construção da vida diária e, por meio dela, com maior ou menor previsibilidade, do dia de amanhã? Quem sabe a escola — *ou pelo menos a educação infantil!* — não poderia ser um espaço no qual a criança desperte, nos adultos, a motivação lúdica existente em todos os seres humanos, mas muitas vezes adormecida pelos atropelos da vida moderna, como aponta Redin? Um espaço para a existência dessa relação simétrica, onde se reconheça a construção conjunta e a aprendizagem de ambas as partes, com "socialização" recíproca?

Ao discutir o contexto escolar e as práticas pedagógicas, Redin mostra o quanto as diferenças entre adultos e crianças ainda se desdobram em desigualdades. As tentativas para evitar conflitos, manter a ordem, promover o sentimento de cooperação entre as crianças aparecem aqui muito mais em nome do conforto e das concepções educacionais do adulto do que das necessidades das crianças. Isto tem a ver com o olhar adultocêntrico, destacado por Bussab, Santos e Redin, que impede que crianças e adultos sejam vistos como diferentes, mas capazes de se envolver em relações de amizade e aprendizagem mútua e respeitosa. Que esta possibilidade ainda está longe de ser assimilada pelos educadores é sugerido pelo comentário de Barbosa (capítulo 12), que, no entanto, abre espaço, pelo menos, para a reflexão sobre novos papéis ou lugares do educador.

Se os diálogos sobre método foram muito enriquecedores, a reflexão sobre conceitos a partir do trabalho de Corsaro provocou uma verdadeira *brain storm* virtual, com tensões que talvez nem esteja no escopo deste capítulo destrinchar e/ou sintetizar — tarefa que fica para o leitor. Ao mesmo tempo, os três capítulos convergem ao discutir a brincadeira no grupo de crianças, mostrando que um olhar sobre a brincadeira pode fortalecer elos de pesquisa entre sociologia da infância, psicologia e educação.

Ao eleger ou qualificar a infância como objeto de uma sociologia, Corsaro opta, como apontam Rossetti-Ferreira e Oliveira, e como já foi indicado acima, por um olhar "não desenvolvimentista", "não futurista", não comprometido com a análise do desenvolvimento individual.

TEORIA E PRÁTICA NA PESQUISA COM CRIANÇAS

Segundo a distinção lembrada pelas autoras, é mais a psicologia da criança do que a Psicologia do Desenvolvimento que se aproxima desse olhar. Por outro lado, a psicologia da criança tem espaço para o aprofundamento do olhar sociológico com conceitos propriamente psicológicos.

Rossetti-Ferreira e Oliveira (capítulo 3) argumentam que a brincadeira, por parecer familiar aos olhos dos adultos, pode se tornar naturalizada e subestimada. Neste sentido, pode-se pensar que o próprio pesquisador, na condição de adulto, enfrenta um paradoxo quando estuda a infância — e as manifestações culturais das crianças —, considerando-a, ao mesmo tempo, estranha e familiar, e rejeitando-a ou idealizando-a (Montandon, 1997). Sendo assim, um primeiro passo seria assumir que as crianças de hoje vivem um momento histórico diferente daquele vivido pelo pesquisador quando este foi criança, embora por vezes, apropriando-se de elementos do passado e transformando-os. Isto pode ser percebido nas brincadeiras preservadas através das gerações (ver capítulo 3).

A partir de referenciais teóricos diferentes, mas que convergem em vários aspectos, todas as autoras que discutem a primeira parte do livro concordam que as brincadeiras são rituais caracterizados pela sua diversidade. Ao apresentar os episódios de pesquisa, Pedrosa e Santos (capítulo 2) mostram que os momentos de brincadeira não se manifestam de forma homogênea, como os adultos, por vezes, podem pensar. Ao contrário, elas sofrem a seleção/categorização das crianças: "a parte mais excitante". Mais do que isto, Pedrosa e Santos apontam para as diferentes linguagens através das quais as crianças pequenas se comunicam, trazendo o exemplo do "riso" e dos "gritinhos" como forma de comunicação compartilhada durante o momento de excitação da brincadeira.

Ao examinarem com minúcia os dois episódios, Pedrosa e Santos aprofundam a análise dos processos envolvidos na reprodução interpretativa e evidenciam que há mais a ser explorado nesse conceito. O mesmo, de outro ponto de vista, é proposto por Sperb com a introdução do conceito de imaginação.

Em sua síntese final, Sperb aponta que é improdutivo nos debatermos a respeito da definição de brincadeira e que é inevitável a tendência a sobressair alguns dos seus aspectos em detrimento de outros. A definição de brincadeira não é objeto principal de preocupação de Corsaro, que as caracteriza como rotinas e formas culturais pelas quais as crianças apropriam e transformam o mundo. Poderia a psicologia contribuir para aprofundar esse conceito? É o que propõem Rossetti-Ferreira e Oliveira em sua extensa discussão a respeito de brincadeira. No entanto, o comentário de Sperb desvela uma tensão interna à própria Psicologia do Desenvolvimento (que pensamos se reflete também na educação infantil), e aparece claramente na leitura dos comentários. Assim, por exemplo, os conceitos de motivação intrínseca, espontaneidade e "fazer por prazer", utilizados em dois dos comentários, não parecem estar integrados em uma noção consensual que indique a motivação intrínseca, o prazer, como a essência do brincar, como apontaria um enfoque psicoetológico (Lordelo e Carvalho, 2003). Em seu esforço para se afastar de concepções simplificadoras a respeito de processos de aprendizagem e da própria criança, e para incorporar o conceito de desenvolvimento como processo que só pode ocorrer em um ambiente sociocultural, a Psicologia do Desenvolvimento parece ainda ter dificuldades para integrar suas noções de ambiente sociocultural com a visão da criança como um ser *biologicamente* sociocultural, nas palavras de Wallon (1986). Esta visão implica, como apontam Pedrosa e Santos, reconhecer a complexa e precoce[3] organização da criança para a interação social, que inclui motivações intrínsecas para a interação, para as relações afetivas e para a ludicidade, e descartar ou desfavorecer qualquer concepção de ontogênese do ser humano que se processe fora de um contexto sociocultural, para o qual a espécie é biologicamente preparada. Talvez uma noção adultocêntrica de ambiente sociocultural, entendido como aquele preexistente à criança, esteja na base da dificuldade, apontada por Redin,[4] de se praticar uma pedagogia que reconheça a criança como agente e parceiro na construção da cultura. Nesse sentido, o diálogo com a sociologia da infância de Corsaro, com seu conceito de cultura de pares, ou culturas de crianças, pode ser o mote para uma reflexão renovadora

---

3. Ver também Bussab e Santos, capítulo 6.

4. Ver capítulo 7.

e integradora da cansada oposição natureza-cultura,[5] tanto por parte da psicologia quanto da educação.

Uma outra tensão interna à psicologia, e possivelmente compartilhada pela educação e pela sociologia da infância, pode ser pressentida a partir do tema da precocidade, sugerido acima. As crianças estudadas por Corsaro já dominam o código verbal. Os episódios descritos no capítulo 1 podem ser facilmente interpretados em termos cognitivos, de atribuição de papéis e significados mediados por imaginação. Esta interpretação é compatível com o privilégio atribuído à brincadeira de faz de conta na literatura da psicologia e com a dificuldade de conceituar brincadeira quando não há evidência de faz de conta, como indicado por Sperb. No entanto, como apontam Rossetti-Ferreira e Oliveira e também Pedrosa e Santos, o brincar é um fenômeno precoce, bem anterior à simbolização e à linguagem verbal. Brincadeiras de perseguição (na terminologia de Corsaro, aproximação-evitação) ocorrem desde o esconde-esconde entre mãe e bebê e, indo mais além, inclusive em animais. Crianças não-verbais ou pouco-verbais, como as envolvidas no episódio das risadas descrito por Pedrosa e Santos, criam e compartilham significados — o que pode ser entendido como um requisito fundamental para a existência da cultura, presente precocemente como característica da organização humana para a vida sociocultural.

A questão da educação infantil provocou reflexões em direções bastante diversificadas. Lordelo dialoga com o texto de Corsaro, contextualizando-o e ampliando-o com informações a respeito da educação infantil em outros países, tanto afluentes quanto pobres, e aprofunda também a reflexão de Corsaro sobre determinantes econômicos, políticos e ideológicos das práticas de educação infantil em cada país. A questão ideológica é muito enfatizada por Faria, que também se detém no aprofundamento das diferenças entre a educação infantil nos Estados Unidos e na Itália. É interessante sua sugestão de que nem mesmo Corsaro apreendeu ainda inteiramente o abismo político e ideológico que existe entre os dois paí-

---

5. Cuja superação já foi pedida e brilhantemente argumentada por Morin há mais de quatro décadas (Morin, 1973).

ses e que fundamenta essas diferenças. Barbosa, antes de refletir sobre as implicações educacionais, retoma o diálogo com os conceitos teóricos de reprodução interpretativa e cultura de pares; seu esforço parece ser no sentido de incorporá-los efetivamente ao pensamento pedagógico, especialmente no que se refere à oposição indivíduo-sociedade e à superação do "determinismo social" pelo reconhecimento da criança como agente e participante de seu processo de desenvolvimento. É possível perceber, nesse diálogo empreendido com a sociologia da infância, a ausência, na educação, de um diálogo com a psicologia — ou com algumas psicologias — que já há muito reconhecem essa criança. Talvez a interação possível a partir deste livro seja um caminho de aproximação na direção desse diálogo. Ele poderia, quem sabe, dirigir o olhar do educador para a criança, que parece só ser vista por ele através das lentes de uma ou outra teoria psicológica assumida como guia da ação pedagógica.

Um aspecto de interesse apontado por Barbosa é a referência ao ambiente de educação infantil como aquele que, em nosso modo de vida, pode propiciar o coletivo necessário para a construção social das culturas de pares, e que Florestan Fernandes, citado por Faria, identificou já na década de 1940. De fato, em nosso mundo urbano, onde mais existem coletivos de crianças? Talvez nas ruas, em bairros de periferia e favelas, como exemplificado por Magalhães, Souza e Carvalho (2003) ao relatarem as brincadeiras de "pira" (perseguição) em uma periferia de Belém, Pará. Sabemos que crianças de classe média e alta não participam desse tipo de ambiente lúdico, e são restritas às áreas de lazer de suas casas, condomínios, parques ou lugares de consumo (Müller, 2007). Será particularmente para estas que o espaço da educação infantil vem oferecer oportunidades únicas de interação de pares?

De certa forma, o espaço da educação infantil recria, nesse aspecto, ainda que com muitos ajustes, o ambiente de adaptação evolucionária humana, ou seja, o ambiente onde se processou nossa história evolutiva e a maior parte da história da espécie *Homo sapiens sapiens* — excetuados os últimos 10 mil anos desde a revolução agrícola, ou talvez apenas as últimas poucas décadas de vida urbana pós-Revolução Industrial. Esse ambiente, segundo hipotetizado por Konner (1972) a partir de suas observações em grupos vestigiais de caçadores coletores africanos, seria caracterizado pelo grupo multietário de crianças em atividade lúdica, praticamente sem nenhuma supervisão adulta — um coletivo com potencial de criar cultura de pares desde os primórdios da pré-história. Esse mesmo ambiente é encontrado entre nossos índios Parakanã (Gosso e Otta, 2003) e provavelmente entre muitos outros remanescentes de vida tribal; as observações de Gosso & Otta documentam não só o potencial, mas a efetiva criação de cultura de pares nessas situações.

É desafiador, e também preocupante, pensar que a escolarização da educação infantil, especialmente na fase pré-escolar, esteja privando as crianças de um espaço onde podem ocorrer interações livres e brincadeiras entre pares (Lordelo, Carvalho e Bichara, 2008).

A escola é uma invenção da modernidade, que impõe a diferença entre crianças e adultos ao estabelecer dicotomias, como competência e incompetência, estudo e trabalho, improdutivo e produtivo. É um espaço planejado pelos adultos para as crianças, que tem uma cultura própria, também comentada por Redin, expressa na classificação das idades, na transformação da criança em aluno e na organização do tempo.

Fica claro, por meio dos dados compartilhados por Corsaro, assim como das referências bibliográficas sugeridas por Faria (ver anexo 2), que a educação das crianças pequenas na Itália está alicerçada em conceitos de educação, infância e crianças que rompem com a lógica escolar que normatiza e regra permanentemente a vida das crianças. Isto tem a ver com o processo histórico de construção de políticas de educação, que tomou considerável força após a Segunda Guerra Mundial no Norte da Itália e se expressa não só na esfera governamental, mas na participação de todos os cidadãos. Se fizer sentido pensar que as políticas sociais são decorrentes das teorias, e o contrário também é verdadeiro, um corpo de estudos *sobre* e *com* as crianças vem sendo desenvolvido na Itália, colocando-as em uma posição ativa na construção de conhecimento e de cultura.

A necessidade de estudos interdisciplinares sobre a infância já foi observada nos anos 1970 por Rosemberg (1976, p. 1470), que ao criticar a tradição de pesquisa na psicologia, sugere uma visão interdisciplinar:

"enquanto a psicologia não fizer apelo à antropologia, continuaremos apenas a ensinar crianças". Rossetti-Ferreira (2004) mostra que a Psicologia do Desenvolvimento assumiu a necessidade de apreender e analisar os fenômenos complexos em suas múltiplas dimensões, de maneira integrada e inclusiva.

Como aponta Barbosa, ainda há muito a ser pesquisado sobre os modos pelos quais as crianças constroem suas culturas em seus processos interacionais. Arriscamos dizer, no entanto, que já há uma extensa literatura brasileira sobre interação-criança e brincadeira, que poderia servir de ponte para uma aproximação entre a psicologia, a educação e a sociologia da infância.

Na verdade, as contribuições de Corsaro organizadas nesse livro, e associadas aos comentários de pesquisadores brasileiros, propõem para a psicologia, a sociologia e a educação alguns desafios consideráveis, sendo que para a educação eles talvez sejam ainda maiores. O primeiro deles questiona o isolamento a que se acomodaram, de forma disciplinar e disciplinada, os conhecimentos produzidos dentro desse campo de saber mais vasto — as Ciências do Homem. Imersos numa posição corporativista, cada uma dessas áreas deixou de usufruir produções, questionamentos e, principalmente, de aceitar deslocamentos originados fora dos seus âmbitos específicos de intervenção e pesquisa, o que teria resultado, há mais tempo, no avanço de uma compreensão e conceituação totalmente inovadoras de infância e, especialmente, de criança.

Depois, ao propor o uso da etnografia para conduzir estudos sobre culturas infantis, Corsaro apresenta para a sociologia, mas sobretudo para a psicologia e para a educação, outras possibilidades de abordagem que superam, de forma radical, impasses como as oposições sujeito/objeto, neutralidade/implicação, objetividade/interpretação, para citar alguns dos itens caros à ideia racional-positivista de ciência. É importante dizer que não podemos pensar a etnografia apenas como método para estudar fenômenos e questões ligadas à infância ou qualquer outro assunto (Boumard, 1999). Se a etnografia se define, de forma genérica e até simplificada, como a escrita das culturas (Laplantine, 1996), pensar seu uso entre crianças, e crianças ainda pequenas, provoca pensar no estatuto da

TEORIA E PRÁTICA NA PESQUISA COM CRIANÇAS

criança não somente na vida atual, mas no valor que lhe foi atribuído entre pesquisadores de todos esses campos em questão[6].

O que ainda se pode dizer sobre estas questões, já bastante comentadas acima, é que continuamos nos referindo às crianças reivindicando para elas o lugar de atores sociais. Podemos já ir mais longe e pensar que mais do que compreender e representar papéis, como o fazem os atores, as crianças são *autoras* de suas vidas, por mais que seja difícil admitir essa profunda inversão posta para a nossa cultura digerir. Em qualquer projeto pedagógico de escolas vamos encontrar a palavra "autonomia" como objetivo da educação. Nunca a palavra "autoria", mesmo que, se pensarmos com rigor, ninguém é o único autor de si mesmo, mas, um *coautor* (Ardoino, 2000), dependentes que somos desses outros que nos deram vida e nos constituem ao longo de toda nossa existência: nascemos e somos para sempre *seres-com-outros*.

E aqui talvez seja necessário pontuar melhor as dificuldades ou a recalcitrância da educação em assimilar, utilizar e promover mudanças a partir dessas compreensões: a escola continua a pensar a criança má como em Hobbes, inocente como em Rousseau, como tábula rasa em Locke, naturalmente em desenvolvimento por estágios como em Piaget ou inconsciente como em Freud, segundo a problematização apresentada por Sarmento (2007) a partir da obra de James, Jenks e Prout (1998). E é correto afirmar que todas essas crianças "pré-sociológicas" estão convivendo nos discursos dos educadores, no cotidiano de nossas escolas, sejam elas públicas ou particulares. Salvo honrosas e pontuais exceções, que não são frequentemente consideradas como "escolas-de-verdade", mas apenas situações "experimentais", em sua maioria restritas à educação infantil, já que, nesses espaços, a compreensão dominante é que estas

---

6. A interlocução da psicologia com a antropologia e a sociologia tem aproximado a etnografia e os estudos interacionistas, sobretudo aqueles ligados à segunda Escola de Chicago, configurando um novo campo que temos chamado de etnopsicologia, e que se impõe onde o raciocínio prático dos atores sociais é requerido e a imersão do pesquisador no campo é condição para a o desenvolvimento do trabalho de pesquisa e/ou de intervenção. As metodologias qualitativas características dessas abordagens são promissoras nessas áreas, especialmente quando os sujeitos com quem lidamos são crianças e jovens, permitindo que eles se estabeleçam, no interior dos estudos em desenvolvimento, como sujeitos epistemológicos reconhecidos (Sampaio, 2006).

instituições voltam-se mais para atender as demandas de uma sociedade onde o trabalho feminino e a redução das redes de apoio é uma realidade sem retorno e não existem tarefas muito importantes e sérias a serem cumpridas nessa faixa de idade.

O pior é que o lema "lugar de criança é na escola" é reconhecido de forma genérica e hegemônica por amplos segmentos extra e intra-acadêmicos e mundialmente. Sendo o único espaço garantido para a convivência das crianças com seus pares e sendo tão fundamental que elas tenham a possibilidade de pôr em execução, na cultura, o plano biológico característico de nossa espécie e que implica sua constituição como sujeito completo, há de se reformar a escola, especialmente as escolas de educação infantil, onde elas poderiam, com grande vantagem para os adultos, cooperar no sentido de modificar as lentes até então usadas para enxergá-las.

Os profissionais da educação estão convidados a abandonar uma compreensão de criança baseada apenas em suas capacidades cognitivas, um ser-que-aprende-coisas-na-escola. A escola, com uma frequência maior do que seria aceitável, não vê crianças, não se debruça sobre elas, mas sobre seus próprios processos, enfatizando os métodos, as técnicas, a formação especializada dos adultos. A escola propõe à criança que saia da infância, e isso o mais rápido possível. O que ela considera como comportamentos disruptivos, inadequados para a cena escolar são, com muita frequência, apenas padrões de comportamento infantis totalmente esperados (Sampaio, 1980), e ganharíamos muitíssimo se, além de rever os nossos pre-conceitos sobre elas, nos dispuséssemos a cooperar e aprender com elas, tendo claro que somos negociadores entre dois mundos: o da tradição e o da inovação, do passado e o do presente. Porque futuro não há. Ao menos para as crianças imersas em suas realizações, brincadeiras, brigas, rituais, concentradas em entender de que matéria são feitas as coisas, os sonhos, as pessoas.

Na verdade, toda essa discussão disparada pela contribuição de Corsaro e reverberada pelos profissionais/pesquisadores aqui representados deságua numa questão incontornável: a dos direitos das crianças. E, felizmente, já não são poucas as vozes a insistir nesse ponto. Num pequeno livro primoroso, Philippe Meirieu (2002) apresenta as dificulda-

TEORIA E PRÁTICA NA PESQUISA COM CRIANÇAS

des do ser criança num mundo que assinou a Convenção Internacional dos Direitos da Criança, em 1989. Esse documento, que tem força de lei, tem sua origem em 1920, quando Janusz Korczak[7] solicita, pela primeira vez, à Sociedade das Nações uma "Carta para a proteção das crianças". Meirieu centra sua crítica na insensibilidade da escola para respeitar as crianças como pessoas, lembrando que educadores verdadeiros são, antes de mais nada, pessoas insurgidas que não suportam a violência física, a violência psicológica mas, sobretudo, a violência das instituições que dizem trabalhar para "o seu bem". Uma escola onde as crianças não fazem o que querem, mas querem o que fazem, como disse Édouard Claparède ao referir-se à Maison des Petits de Genebra (citado por Meirieu, 2002).

Para que nosso diálogo avance e a interlocução seja finalmente instalada, ainda é preciso criticar a ideia de adulto como ser acabado e, que por isso, deve ser imitado opondo-se à criança como um ser fundamentalmente inacabado. Para Meirieu (2002) o que se confunde é acabamento e completude. Todos nós — velhos, adultos, jovens ou crianças — somos seres em diferentes graus de inacabamento, mas todos "homens completos", portadores da condição humana. Sendo a criança tanto um ser de "razão" quanto um ser de "sentimentos", ela é capaz de discernimento em relação à qualidade daquilo que lhe é proposto, incluindo nisso a vida familiar e escolar. As crianças, mais do que admitimos até aqui, são seres sérios, que levam os acontecimentos da vida a sério. Talvez mais do que nós.

Concluímos com uma homenagem a Florestan Fernandes. Seu capítulo "As trocinhas do Bom Retiro", do livro *Folclore e mudança social na Cidade de São Paulo*, escrito em 1944 e prefaciado por Roger Bastide, é um trabalho pioneiro realizado por um pesquisador brasileiro sobre culturas infantis, como apontou Faria no capítulo 11. No prefácio, diz o antropólogo francês, referindo-se às brincadeiras como "folclore":

---

7. Pseudônimo de Henryk Goldszmit, pediatra, autor infantil e pedagogo judeu nascido em Varsóvia em 1878 ou 1879. Ao tornar-se diretor de um orfanato, criou uma espécie de república das crianças, com parlamento, tribunal e um jornal próprio. Durante a liquidação do gueto de Varsóvia, para onde havia sido transferido o orfanato, soldados alemães conduziram 12 funcionários, 200 crianças e o Dra. Korczac para o campo de concentração de Treblinka, onde foram eliminados em câmara de gás. Alguns dos seus livros mais importantes foram traduzidos no Brasil.

O domínio que ele aborda, no estudo que se segue, é um domínio bastante negligenciado, o do folclore infantil. E é preciso reconhecê-lo: há entre o mundo dos adultos e o das crianças como um mar tenebroso, impedindo a comunicação. Que somos nós para as crianças que brincam ao nosso redor, senão sombras? Elas nos cercam, chocam contra nós; respondem às nossas perguntas, num tom de condescendência, quando fingimos interessar-nos por suas atividades; mas sente-se, perfeitamente, que, para elas, somos como os móveis da casa, parte do cosmos exterior, não pertencemos a seu mundo, que tem seus prazeres e seus sofrimentos. E nós, os adultos, vivemos também dentro de nossas próprias fronteiras, olhamos as crianças brincar, repreendemo-las quando fazem muito barulho, ou, se deixamos cair sobre seus divertimentos um olhar amigo, não é para eles que olhamos, mas, através deles, para as imagens nostálgicas de nossa infância desaparecida.

Para poder estudar a criança é preciso tornar-se criança. Quero com isso dizer que não basta observar a criança de fora, como também não basta prestar-se a seus brinquedos; é preciso penetrar, além do círculo mágico que dela nos separa, em suas preocupações, suas paixões, é preciso viver o brinquedo. E isso não é dado a toda gente. O primeiro mérito do trabalho de Florestan Fernandes é que ele é o resultado de uma observação que começou por uma interpretação profunda; o autor fez parte da grande conjuração das crianças" (Fernandes, 1979, p. 153-4).

Referências bibliográficas

ARDOINO, J. *Les Avatars de l'éducation*. Paris: PUF, 2000.

BOUMARD, P. O lugar da etnografia nas epistemologias construtivistas. *PSI — Revista de Psicologia Social e Institucional*, Londrina, v. 1, n. 2. 1999. Disponível em: <http://www2.uel.br/ccb/psicologia/revista/texto1v1n22.htm>. Acesso em: 25 jan. 2002.

FERNANDES, F. *Folclore e mudança social na cidade de São Paulo*. 2. ed. Petrópolis: Vozes, 1979.

GOSSO, Y.; OTTA, E. Em uma aldeia Parakanã. In: CARVALHO, A. M. A.; et al. (Orgs.). *Brincadeira e cultura*: viajando pelo Brasil que brinca. São Paulo: Casa do Psicólogo, 2003. v. 1, p. 33-76.

JAMES, A.; JENKS, C.; PROUT, A. *Theorizing childhood*. Cambridge: Polity Press, 1998.

KONNER, M. J. Aspects of developmental ethology of a foraging people. In: BLURTON JONES, N. (Ed.). *Ethological studies of child behaviour*. Cambridge: Cambridge University Press, 1972, p. 285-304.

LAPLANTINE, F. *La description ethnographique*. Paris: Éditions Nathan, 1996.

LORDELO, E. R.; CARVALHO, A. M. A. Educação infantil e psicologia: para quê brincar? *Psicologia, Ciência e Profissão*, Brasília, n. 23, p. 14-21, 2003.

LORDELO, E. R.; CARVALHO, A. M. A.; BICHARA, I. D. Infância roubada: brincadeira e educação infantil no Brasil. In: MOREIRA, L.; CARVALHO, A. M. A. (Orgs.). *Família e educação*. São Paulo: Paulinas, 2008, p. 119-38.

MAGALHÃES, C. M. C.; SOUZA, A. R.; CARVALHO, A. M. A. Piras no Riacho Doce. In: CARVALHO, A. M. A. et al. (Orgs.). *Brincadeira e cultura*: viajando pelo Brasil que brinca. São Paulo: Casa do Psicólogo, 2003. v. 1, p. 77-88.

MEIRIEU, P. *Le pédagogue et les droits de l'enfant*: histoire d'un malentendu? Condé-sur-Noireau (France): Éditions du Tricorne, 2002.

MONTANDON, C. *L'éducation du point de vue des enfants*: un peu blessés au fond du cœur. Paris: Editions L'Harmattan, 1997.

MORIN, E. *O enigma do homem*: para uma nova antropologia. Rio de Janeiro: Zahar, 1973.

MÜLLER, F. *Retratos da infância na cidade de Porto Alegre*. Tese de Doutorado, FACED UFRGS, Porto Alegre, 2007.

PEDROSA, M. I.; CARVALHO, A. M. A. Análise qualitativa de episódios de interação: uma reflexão sobre procedimentos e formas de uso. *Psicologia: Reflexão e Crítica*. Porto Alegre, n. 18, p. 431-42, 2005.

ROSEMBERG, F. Educação: para quem? *Ciência e Cultura*. Campinas, v. 12, n. 28, p. 1467-70, 1976.

ROSSETTI-FERREIRA, M. C. Introdução: seguindo a receita do poeta tecemos a rede de significações e este livro. In: ROSSETTI-FERREIRA, M. C. et al. (Orgs.). *Rede de significações e o estudo do desenvolvimento humano*. Porto Alegre: Artmed, 2004, p. 15-19.

SAMPAIO, S. M. R. *A reprodução da ideologia em sala de aula*. Dissertação (Mestrado). FACED, UFBA, Salvador, 1980.

SAMPAIO, S. M. R. Texto de identificação do Grupo de Pesquisa Aproximações: à perspectiva etno em Psicologia do Desenvolvimento. Diretório dos Grupos de Pesquisa no Brasil, CNPQ, 2006.

SARMENTO, M. J. Visibilidade social e estudo da infância. In: VASCONCELOS, V. M.; SARMENTO, M. J. (Orgs.). *Infância (in) visível*. Araraquara: Junqueira & Marin, 2007.

WALLON, H. O papel do outro na consciência do eu. In: WEREBE, M. J. G.; NADEL-BRULFERT, J. (Orgs.) *Henri Wallon*. São Paulo: Ática, 1986, p. 158-64.

Anexos

ANEXOS

Anexo 1[1]

Sistema educacional brasileiro

0-3 anos	Creche
4-5 anos e 11 meses	Pré-escola
6-9 anos	Ensino fundamental — séries iniciais
10-14 anos	Ensino fundamental — séries finais
15-17 anos	Ensino Médio

Educação infantil = 1ª etapa da Educação Básica

Sistema educacional italiano

0-3 anos	*Asilo nido*
3-6 anos (5 anos e 11 meses)	*Scuola dell'infanzia*
6-11 anos	*Scuola elementare*
12-14 anos	*Scuola media*
15-17 anos	*Scuola superiore*

Sistema educacional americano

0-3 anos	*Day care center* / *Child Care*
3-4 anos	*Pre school*
5 anos	*Kindergarten*
6-10 anos	*Elementary school*
11-15 anos	*Junior high school*
16-18 anos	*Senior high school*

---

1. Elaborado por Ana Lúcia Goulart de Faria e Fernanda Müller.

Anexo 2[2]

Bibliografia Italiana sobre (e para a) educação infantil traduzida em Português

AGAMBEN, G. *Infância e historicidade*. Belo Horizonte: Editora da UFMG, 2005.

AS NOVAS ORIENTAÇÕES PARA UMA NOVA ESCOLA DA INFÂNCIA. In: A. L. G. FARIA (Org.). Grandes políticas para os pequenos. *Cadernos Cedes*. Campinas: Papirus, n. 37, p. 68-100, 1995.

BALAGEUR, I., MESTRES, J.; PENN, H. *A qualidade nos serviços para a infância* — documento de discussão. Comissão da Comunidade Europeia: direção geral — ocupação, relações industriais e serviços sociais. Rede para infância da Comissão Europeia, 1992.

BARTOLOMEIS, F. *A nova escola infantil*: as crianças dos 3 aos 6. Lisboa: Ed. Livros Horizonte, 1982.

BECCHI, E. Retórica da infância. *Perspectiva*. Florianópolis/SC, UFSC-NUP/CED, n. 22, p. 63-95, 1994.

_____. Ser menina ontem e hoje: notas para uma pré-história do feminino. *Proposições*, Campinas, n. 42, p. 41-52, 2003.

BECCHI, E.; BONDIOLI, A. (Orgs.). *Avaliando a pré-escola*: uma trajetória de formação de professoras. Campinas: Autores Associados, 2003.

BECCHI, E.; FERRARI, M. Como educar o *parenting* entre provado e social. In: SOUZA, G. (Org.). *A criança em perspectiva*: olhares do mundo sobre o tempo infância. São Paulo: Cortez, 2007, p. 13-37.

BELOTTI, E. G. *Educar para a submissão*. Petrópolis: Vozes, 1979.

---

2. Referências organizadas por Ana Lúcia Goulart de Faria.

BONDIOLI, A. (Org.). *O tempo no cotidiano infantil*. Perspectiva de pesquisa e estudo de casos. São Paulo: Cortez, 2004.

BONDIOLI, A. (Org.). *O projeto pedagógico da creche e a sua avaliação*. Campinas: Autores Associados, 2004.

BONDIOLI, A. A criança, o adulto e o jogo. In: SOUZA, G. (Org.). *A criança em perspectiva*: olhares do mundo sobre o tempo infância. São Paulo: Cortez, 2007, p. 38-52.

BONDIOLI, A.; MANTOVANI, S. (Orgs.). *Manual de educação infantil de 0 a 3 anos*: uma abordagem reflexiva. Porto Alegre: ArtMed, 1998.

BORGHI, B. As escolas infantis municipais de Módena I: o modelo. In: ZABALZA, M. (Org.). *Qualidade em educação infantil*. Porto Alegre: ArtMed, 1998, p. 93-108.

_____. Entrevista. *Pátio-educação infantil*. Porto Alegre: ArtMed, n. 5, p. 20-23, 2001.

CALVINO, I. *Fábulas italianas*: coletadas na tradição popular durante os últimos cem anos e transcritas a partir de diferentes dialetos. São Paulo: Companhia das Letras, 1992.

CARTA a uma professora: pelos rapazes da escola de Barbiana. Lisboa: Presença, 1982.

CATARSI, E. Entrevista. Livros e desenvolvimento linguístico das crianças pequenas. *Pátio. Educação Infantil*. Porto Alegre: ArtMed, n. 8, p. 21-24, 2005.

CIPOLLONE, L. Diferença sexual, dimensão interpessoal e afetividade nos contextos educacionais para a infância. *Pro-Posições*, Campinas, n. 42, p. 25-39, 2003.

FRABBONI, F. A escola infantil entre a cultura da infância e a ciência pedagógica e didática In: ZABALZA, M. (Org.). *Qualidade em educação infantil*. Porto Alegre: ArtMed, p. 63-92, 1998.

FUSARI, A. As crianças e os direitos de cidadania. A cidade como comunidade educadora. *Educação e Sociedade*. Campinas, n. 78, p. 257-264, 2002.

GANDINI, L.; EDWARDS, C. (Orgs.). *Bambini*: a abordagem italiana à educação infantil. Porto Alegre: ArtMed, 2002.

GARUTI, N. As escolas infantis municipais de Módena II: as práticas educativas. In: ZABALZA, M. (Org.). *Qualidade em educação infantil*. Porto Alegre: ArtMed, 1998, p. 119-140.

GHEDINI, P. O. Entre a experiência e os novos projetos: a situação da creche na Itália. In: ROSEMBERG, F.; CAMPOS, M. M. (Orgs.). *Creches e pré-escolas no Hemisfério Norte*. São Paulo: Cortez/FCC, 1994, p. 189-209.

MANTOVANI, S.; PERANI, R. Uma profissão a ser inventada: o educador da 1ª infância. *Pro-Posições*. Campinas, n. 28, p. 75-98, 1998.

MUNARI, B. *Das coisas nascem as coisas*. São Paulo: Duas Cidades, 1998.

MUSATTI, T. Os programas educacionais para a pequena infância na Itália. *Revista Brasileira de Educação*. Rio de Janeiro: Anped, n. 24, p. 66-77, 2003.

_____. Entre as crianças pequenas: o significado da outra da mesma idade. In: FARIA, A. L. G. (Org.). *O coletivo infantil em creches e pré-escolas — falares e saberes*. São Paulo: Cortez, 2007, p. 19-28.

ONGARI, B.; MOLINA, P. *Educadora de creche*: construindo suas identidades. São Paulo: Cortez, 2003.

PANCERA, C. Semânticas da infância. *Perspectiva*. Florianópolis: UFSC-NUP/CED, n. 22, p. 97-104, 1994.

PASOLINI, P. P. Gennariello: a linguagem pedagógica das coisas In: LAHUD, M. *Os jovens infelizes*: antologia de ensaios corsários. São Paulo: Brasiliense, 1990, p. 125-36.

RABITTI, G. *À procura da dimensão perdida*: uma escola de infância de Reggio Emilia. Porto Alegre: ArtMed, 1999.

RIZZOLI, M. C. Leitura com letras e sem letras na educação infantil do Norte da Itália. In: FARIA, A. L. G.; MELLO, S. A. (Orgs.). *Linguagens infantis*: outras formas de leitura. Campinas: Autores Associados, 2005, p. 5-22.

RODARI, G. *Gramática da fantasia*. São Paulo: Summus, 1982.

RUSSO, D. De como ser professor sem dar aulas na escola da infância. In: FARIA, A. L. G.; MELLO, S. A. (Orgs.). *Territórios da infância*: linguagens, tempos e relações para uma Pedagogia para as crianças pequenas. Araraquara: Junqueira e Marin, 2007, p. 57-84.

_____. De como ser professor sem dar aulas na escola da infância (II) In: FARIA, A. L. G. (Org.). *O coletivo infantil em creches e pré-escolas*: falares e saberes. São Paulo: Cortez, 2007, p. 67-93.

SARACENO, C. *Sociologia da família*. Lisboa: Estampa, 1997.

TONUCCI, F. *Com olhos de criança*. Porto Alegre: ArtMed, 1997.

_____. *Criança se nasce*. Lisboa: Instituto Piaget, 1987.

_____. *Quando as crianças dizem chega*. Porto Alegre: ArtMed, 2005.

_____. A verdadeira democracia começa aos três anos. *Pátio. Educação Infantil*, Porto Alegre: ArtMed, n. 8, p. 16-20, 2005.

Bibliografia em Português sobre a Educação Infantil na Reggio Emilia

BASSI, L. Entrevista. As crianças não separam as experiências e o saber. *Pátio. Educação Infantil*. Porto Alegre: ArtMed, n. 12, p. 16-19, 2007.

BASSI, L.; GIACOPINI, B. E. Reggio Emilia, uma experiência inspiradora. *Revista Criança*. MEC, n. 43, p. 5-8, 2007.

DAHLBERG, G.; MOSS, P.; PENCE, A. *Qualidade na educação da primeira infância*: perspectivas pós-modernas. Porto Alegre: ArtMed, 2003.

DIAS, L. S. Resenha. Qualidade na educação da primeira infância — perspectivas pós-modernas. *Pátio*. Porto Alegre, n. 1, p. 28-28, 2003.

DIREZIONE SCUOLE DELL'INFANZIA, ASILI NIDI. O modelo de Reggio Emilia: estreita integração entre creche pública e família em uma cultura compartilhada dos serviços e do trabalho. In: BONDIOLI, A.; MANTOVANI, S. (Orgs.). *Manual de educação infantil de 0 a 3 anos*. Porto Alegre: ArtMed, 1998, p. 323-28.

EDWARDS, C., GANDINI, L.; FORMAN, G. (Orgs.). *As cem linguagens da criança*: a abordagem de Reggio Emilia na educação da primeira infância. Porto Alegre: ArtMed, 1999.

FARIA, A. L. G. Loris Malaguzzi e os direitos das crianças pequenas. In: OLIVEIRA-FORMOSINHO, J., KISHIMOTO, T. M.; PINAZZA, M. A. (Orgs.). *Pedagogia(s) da Infância*. Porto Alegre: ArtMed, 2006, p. 277-92.

GANDINI, L. Reggio Emilia: experimentando a vida na creche. Entrevista com Cristina Bondavalli. In: GANDINI, L.; EDWARDS, C. *Bambini*: abordagem italiana à educação infantil. Porto Alegre: ArtMed, 2002, p. 81-92.

MELLO, S. A. Concepção de criança e democracia na escola da infância: a experiência de Reggio Emilia. *Cadernos da F.F.C.* Marília: Unesp, v. 9, n. 2, p. 83-94, 2000.

REGGIO EMILIA. *As cem linguagens das crianças*: uma viagem extraordinária ao mundo da infância. Catálogo da exposição das creches, pré-escolas e escolas da infância do município de Reggio Emilia-Itália. São Paulo: Escola Eugenio Montale, 15 a 25/7/2002.

RINALDI, C. Reggio Emilia: a imagem da criança e o ambiente em que ela vive como princípio fundamental In: GANDINI, L.; EDWARDS, C. (Orgs.) *Bambini*: a abordagem italiana à educação infantil. Porto Alegre: ArtMed, 2002, p. 75-80.

SILVA, A. S. Resenha. A procura da dimensão perdida, Giordana Rabitti. *Pro-posições*. Campinas, n. 39, 2002, p. 205-9.

Bibliografia Brasileira sobre a Educação Infantil Italiana

ANGOTTI, M. Maria Montessori: Infância, educação e paz. In: OLIVEIRA-FORMISINHO, J.; KISHIMOTO, T. M.; e PINAZZA, M. A. (Orgs.). *Pedagogia(s) da infância*. Porto Alegre: ArtMed, 2006, p. 95-114.

BARBOSA, M. C. S. Resenha. Educação infantil na Itália: 4 publicações da Editora ArtMed. *Pro-posições*, Campinas, n. 28, p. 195-7, 1998.

FARIA, A. L. G. Impressões sobre as creches no norte da Itália — *bambini si diventa*. In: CAMPOS, M. M. e ROSEMBERG, F. (Orgs.). *Creches e pré-escolas no Hemisfério Norte*. São Paulo: Cortez/FCC, 1994, p. 211-232.

_____. Da escola materna à escola da infância: a pré-escola na Itália hoje. *Cadernos Cedes*. Campinas, n. 37, 1995, p. 63-67.

_____. Orientações e projetos pedagógicos nas creches e pré-escolas italianas. *Pátio. Educação Infantil*. Porto Alegre: ArtMed, n. 5, 2004, p. 16-19.

GODOI, E. G. Resenha, Bambini: abordagem italiana à educação infantil. *Pro-Posições*. Campinas, n. 41, p. 225-30, 2003.

GODOI, E. G. Resenha. Avaliando a pré-escola: uma trajetória de formação de professoras. *Educação e Sociedade*, v. 24, n. 82, 2003, p. 327-30.

_____. Resenha. O tempo no cotidiano infantil. *Cadernos de Pesquisa*, São Paulo, v. 35, n. 126, 2005, p. 759-60.

GOMES, L. O. Resenha. Infância e historicidade. *Pro-Posições*, Campinas, n. 54, 2007, p. 197-200.

GUIMARÃES, D.; LEITE, M. I. Resenha. Manual de educação infantil de 0 a 3 anos: uma abordagem reflexiva. *Educação & Sociedade*, Campinas, n. 75, 2001, p. 307-11.

HESS, M. Resenha. Educadoras de Creche, construindo suas identidades. *Pro--Posições*. Campinas, n. 43, 2003, p. 253-6.

LEIA TAMBÉM

▶ A CRIANÇA FALA:
a escuta de crianças em pesquisas

• *Silvia Helena Vieira Cruz (org.)*

1ª edição (2008)
392 páginas / ISBN 978-85-249-1434-8

A criança tem sido objeto de estudo em pesquisas científicas há bastante tempo. No entanto, como aponta Maria Malta Campos em artigo neste livro, a novidade é o debate acerca da condição em que a criança toma parte nas investigações. De fato, há um interesse crescente entre pesquisadores de diversas áreas do conhecimento em captar a perspectiva da criança acerca de variados temas, trazendo para o centro de seus trabalhos crianças concretas, com as peculiaridades decorrentes da sua idade, gênero, história de vida e inserção sociocultural. Como decorrência, questões teóricas e éticas têm surgido e novas estratégias metodológicas têm sido experimentadas.

Este livro enfoca a escuta de crianças em pesquisas, trazendo artigos que apresentam, aprofundam e discutem aspectos fundamentais para a concepção e a realização de investigações com crianças e relatos de pesquisas realizadas nas áreas de Educação, Psicologia e Enfermagem que buscaram ouvir crianças, explorando as suas múltiplas linguagens.

LEIA TAMBÉM

▶ CRIANÇA EM PERSPECTIVA
olhares do mundo sobre o tempo infância

• *Gizele de Souza (org.)*

1ª edição (2007)
152 páginas / ISBN 85-249-1312-9

Este livro se propõe a discutir questões do universo da infância e das crianças, fruto de pesquisas nacionais e internacionais (Itália e Alemanha) e agrega-se aos esforços recentes dos estudos da infância, os quais têm investido em dar visibilidade à infância como construção social e à criança como sujeito histórico, interessante, complexa, capaz de posicionar-se no mundo, ativa diante dos adultos e de outras crianças, com condições de enfrentar, aprovar, propor e resistir diante das situações e ideias para ela reservadas. Os seis textos que compõem esta obra apresentam temas diversos, mas partilham de um traço comum, a criança sai de contexto de fundo para ocupar o primeiro plano das reflexões advindas seja do campo da sociologia da infância, da antropologia histórica, da psicologia e da teoria crítica do pensamento educacional. A partir de olhares e lugares teóricometodológicos diversos a infância é observada e compreendida na sua complexidade e riqueza por meio de fragmentos deixados pelos adultos.

LEIA TAMBÉM

▶ **EDUCAÇÃO INFANTIL NO CORAÇÃO DA CIDADE**

• *Isabel de Oliveira e Silva*

1ª edição (2008)
264 páginas / ISBN 978-85-249-1431-7

Educação Infantil no Coração da Cidade é uma obra singular que se constitui em um documento sociológico de uma importante ação coletiva que, aos poucos, foi sendo substituída por outras formas de luta com vistas à consolidação da Educação Infantil no Brasil. Foi uma ação das trabalhadoras de creche, na maioria, pouco escolarizadas, de baixa renda e negras, que buscou preencher uma lacuna importante na educação das crianças pequenas, sobretudo, nas de classes populares, que, sem as creches, teriam suas chances de inclusão muito reduzidas. Essa composição na formação do segmento que integra a ação poderia ser vista como uma de suas fragilidades. Mas não é isso que a presente obra nos mostra. Tal composição foi compensada por parcerias com outros atores sociais. Foi nesse contexto que as participantes puderam exercitar algum sentido de cidadania. Puderam aprender a se conduzir na arena política, a negociar suas próprias demandas, a perceber como as coisas acontecem na relação do poder quando se extrapola o nível comunitário.